Ivan Koesjnir

Economie van Zuid-Azië

Serie "Economie in landen"

eerst gepubliceerd: 2021
laatst bijgewerkt: 2021-02-02

Ivan Koesjnir. Economie van Zuid-Azië. Serie "Economie in landen". - 2021. - 70 pages.

Dit boek over de economie van Zuid-Azië van de jaren 1970 tot de jaren 2010. Brongegevens uit UN Data.

Grootte. In de jaren 2010 was het bruto binnenlands product van Zuid-Azië gelijk aan US$3,3 biljoen per jaar; de waarde van de landbouw was US$510,0 miljard; de waarde van de industrie was US$707,6 miljard.

Productiviteit. In de jaren 2010 bedroeg het bruto binnenlands product per hoofd van de bevolking $1.801,7, de waarde van de landbouw per hoofd $280,8, de waarde van de industrie per hoofd $389,6. Omdat de productiviteit minder gemiddeld onder het gemiddelde ligt, wordt de economie geclassificeerd als minst ontwikkeld.

Groei. In de jaren 2010 bedroeg de groei van het bruto binnenlands product 5,6%; de groei van de landbouw was 3,8%; de groei van de industrie was 5,9%.

Structuur. In de jaren 2010 omvatte de economie van Zuid-Azië: diensten (32,1%), industrie (23,2%), landbouw (16,7%), handel (12,6%), transport (7,9%) en bouw (7,5%).

Uitvoer en invoer. In de jaren 2010 was de invoer 17,2% hoger dan de uitvoer, de netto-invoer was gelijk aan 3,5% van het BBP.

Consumptie en reproductie. De houding van reproductie ten opzichte van de consumptie is beter dan het mondiale gemiddelde, dus het aandeel van het BBP in de wereld zal toenemen.

Serie "Economie in landen": parallel.page.link/nl

ISBN: 9798701848861

Inhoud

Part I. Grootte

	de jaren 2010
BBP	US$3,3 biljoen
Het aandeel in de wereld	4,2%
Het aandeel in Azië	12,0%

Hoofdstuk I. Bruto binnenlands product

Het bruto binnenlands product van Zuid-Azië steeg van US$180,6 miljard per jaar in de jaren 1970 tot US$3,3 biljoen per jaar in de jaren 2010, dat wil zeggen met US$3,1 biljoen of 18,1 keer. De verandering vond plaats op US$2,2 biljoen als gevolg van een 3,1-voudige stijging van de prijzen, en ook op US$654,8 miljard als gevolg van een 2,6-voudige toename van de productiviteit , evenals op US$216,6 miljard als gevolg van de toename van de bevolking. De gemiddelde jaarlijkse groei van het bruto binnenlands product is 4,5%. De minimumwaarde van het bruto binnenlands product bedroeg US$98,4 miljard in 1970. De maximumwaarde van het BBP bedroeg US$4,2 biljoen in 2019.

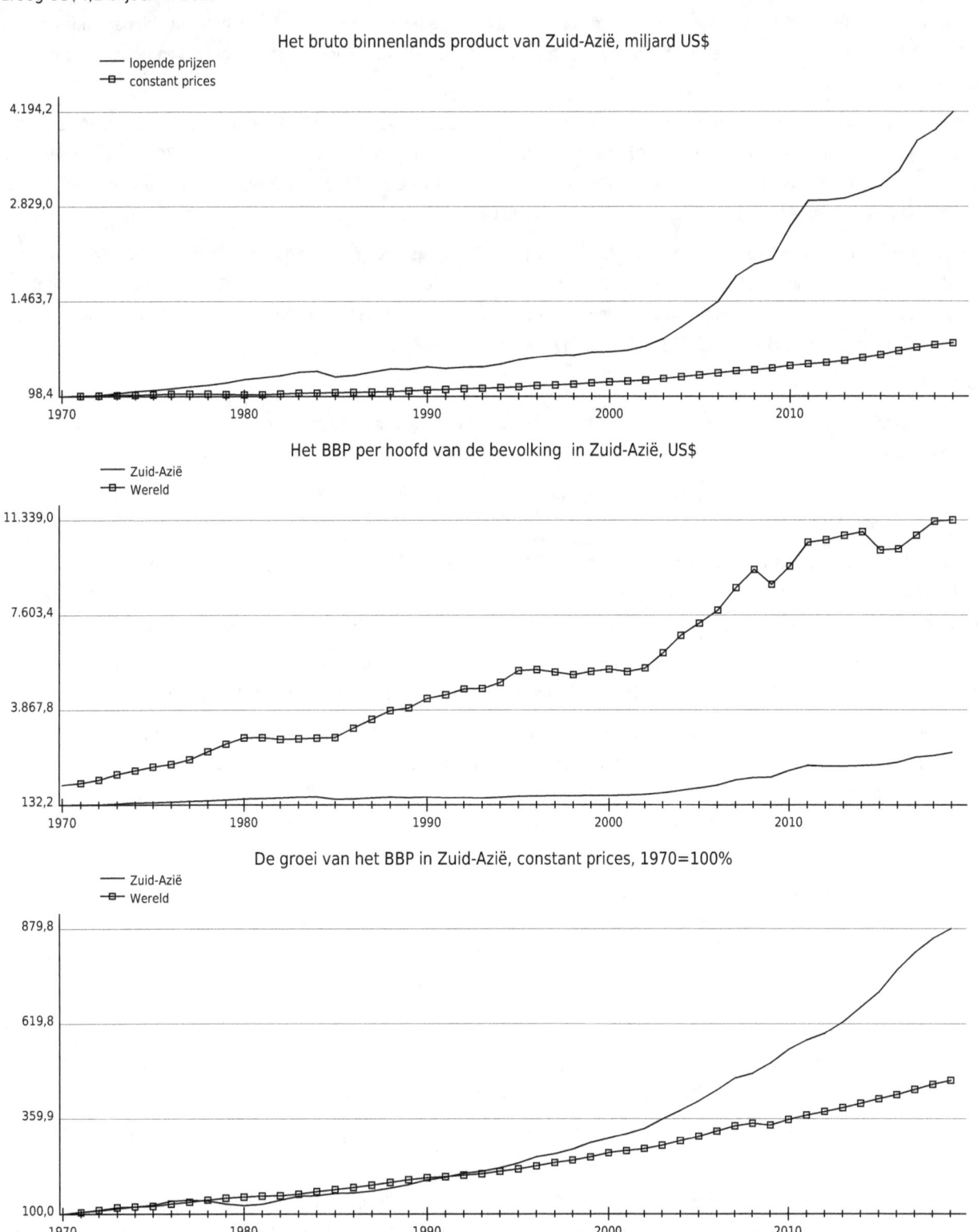

Het bruto binnenlands product van Zuid-Azië, miljard US$

Het BBP per hoofd van de bevolking in Zuid-Azië, US$

De groei van het BBP in Zuid-Azië, constant prices, 1970=100%

de jaren 1970

Het bruto binnenlands product van Zuid-Azië bedroeg in de jaren 1970 US$180,6 miljard per jaar. Het aandeel in de wereld was 2,8%, en 14,8% in Azië.

Het BBP van Zuid-Azië bestond uit: huishoudelijke uitgaven (70,6%), kapitaalvorming (23,6%) en overheidsuitgaven (11,9%).

Het bruto binnenlands product per hoofd in Zuid-Azië was $218,7 in de jaren 1970s. Het bruto binnenlands product per hoofd in Zuid-Azië was in 7,4 keer lager dan het bruto binnenlands product per hoofd van de bevolking in de wereld ($1.620,8), en was in 2,4 keer lager dan het bruto binnenlands product per hoofd van de bevolking in Azië ($1.620,8).

De groei van het bruto binnenlands product in Zuid-Azië bedroeg 2.7% in de jaren 1970. De groei van het bruto binnenlands product in Zuid-Azië (2,7%) was minder dan de groei van het BBP in de wereld (4,1%), was minder dan de groei van het bruto binnenlands product in Azië (5,5%).

Vergelijking met subregio's. Het BBP van Zuid-Azië was groter dan in Zuidwest-Azië (US$169,7 miljard) en in Zuidoost-Azië (US$91,8 miljard); maar minder dan in Oost-Azië (US$777,3 miljard). Het BBP per hoofd in Zuid-Azië was in Zuid-Azië minder dan in Zuidwest-Azië (US$2,0 duizend), in Oost-Azië (US$709,4) en in Zuidoost-Azië (US$290,9). De groei van het BBP in Zuid-Azië was minder dan in Zuidwest-Azië (7,6%), in Zuidoost-Azië (7,1%) en in Oost-Azië (5,3%).

Leiders. Het bruto binnenlands product van Zuid-Azië in de jaren 1970 bestond uit: India (55,3%), Iran (26,8%), Pakistan (8,7%), Bangladesh (4,9%), Sri Lanka (2,1%), en andere (2,2%). Het bruto binnenlands product per hoofd in Zuid-Azië onder de leiders: Iran ($1.490,8), Sri Lanka ($277,4), Pakistan ($236,8), India ($162,0) en Bangladesh ($126,0). De groei van het BBP onder de leiders: Pakistan (4,3%), Sri Lanka (4,1%), Iran (3,0%), India (2,6%) en Bangladesh (0,81%).

de jaren 1980

Het bruto binnenlands product van Zuid-Azië bedroeg in de jaren 1980 US$420,8 miljard per jaar. Het aandeel in de wereld was 2,8%, en 12,1% in Azië.

Het bruto binnenlands product van Zuid-Azië bestond uit: huishoudelijke uitgaven (72,9%), kapitaalvorming (23,7%) en overheidsuitgaven (11,7%).

Het bruto binnenlands product per hoofd in Zuid-Azië was $401,2 in de jaren 1980s, en was vergelijkbaar met Oost-Afrika (US$394,7), Niger (US$410,3). Het BBP per hoofd in Zuid-Azië was in 7,8 keer lager dan het bruto binnenlands product per hoofd van de bevolking in de wereld ($3.123,4), en was in 3,0 keer lager dan het bruto binnenlands product per hoofd van de bevolking in Azië ($3.123,4).

De groei van het BBP in Zuid-Azië bedroeg 3.5% in de jaren 1980. De groei van het bruto binnenlands product in Zuid-Azië (3,5%) was groter dan de groei van het BBP in de wereld (3,0%), was minder dan de groei van het bruto binnenlands product in Azië (4,6%).

Vergelijking met subregio's. Het bruto binnenlands product van Zuid-Azië was groter dan in Zuidwest-Azië (US$390,9 miljard) en in Zuidoost-Azië (US$252,8 miljard); maar minder dan in Oost-Azië (US$2,4 biljoen). Het bruto binnenlands product per hoofd in Zuid-Azië was in Zuid-Azië minder dan in Zuidwest-Azië (US$3,4 duizend), in Oost-Azië (US$1.880,1) en in Zuidoost-Azië (US$637,6). De groei van het bruto binnenlands product in Zuid-Azië was groter dan in Zuidwest-Azië (0,53%); maar minder dan in Oost-Azië (5,7%) en in Zuidoost-Azië (5,3%).

Leiders. Het bruto binnenlands product van Zuid-Azië in de jaren 1980 bestond uit: India (57,3%), Iran (25,4%), Pakistan (9,5%), Bangladesh (4,7%), Sri Lanka (1,6%), en andere (1,5%). Het bruto binnenlands product per hoofd in Zuid-Azië onder de leiders: Iran ($2.298,1), Pakistan ($440,0), Sri Lanka ($413,9), India ($310,5) en Bangladesh ($219,8). De groei van het bruto binnenlands product onder de leiders: Pakistan (6,6%), India (5,7%), Sri Lanka (4,2%), Bangladesh (3,3%) en Iran (-1,5%).

de jaren 1990

Het BBP van Zuid-Azië bedroeg in de jaren 1990 US$601,6 miljard per jaar, en was vergelijkbaar met Brazilië (US$609,3 miljard), Afrika (US$590,3 miljard), Spanje (US$590,1 miljard). Het aandeel in de wereld was 2,1%, en 7,7% in Azië.

Het bruto binnenlands product van Zuid-Azië bestond uit: huishoudelijke uitgaven (65,6%), kapitaalvorming (26,5%) en overheidsuitgaven (10,6%).

Het bruto binnenlands product per hoofd in Zuid-Azië was $459,4 in de jaren 1990s, en was vergelijkbaar met Kenia (US$467,1). Het BBP per hoofd in Zuid-Azië was in 10,9 keer lager dan het bruto binnenlands product per hoofd van de bevolking in de wereld

($5.020,1), en was in 4,9 keer lager dan het bruto binnenlands product per hoofd van de bevolking in Azië ($5.020,1).

De groei van het bruto binnenlands product in Zuid-Azië bedroeg 5.1% in de jaren 1990, en was vergelijkbaar met Mauritius (5,1%), de Seychellen (5,1%). De groei van het BBP in Zuid-Azië (5,1%) was groter dan de groei van het bruto binnenlands product in de wereld (2,8%), was groter dan de groei van het bruto binnenlands product in Azië (4,7%).

Vergelijking met subregio's. Het BBP van Zuid-Azië was groter dan in Zuidoost-Azië (US$571,6 miljard) en in Centraal-Azië (US$47,0 miljard); maar minder dan in Oost-Azië (US$5,9 biljoen) en in Zuidwest-Azië (US$658,5 miljard). Het bruto binnenlands product per hoofd in Zuid-Azië was in Zuid-Azië minder dan in Oost-Azië (US$4,0 duizend), in Zuidwest-Azië (US$4,0 duizend), in Zuidoost-Azië (US$1.187,4) en in Centraal-Azië (US$891,5). De groei van het BBP in Zuid-Azië was groter dan in Zuidwest-Azië (4,6%), in Oost-Azië (4,4%) en in Centraal-Azië (-4,0%); maar minder dan in Zuidoost-Azië (5,2%).

Leiders. Het BBP van Zuid-Azië in de jaren 1990 bestond uit: India (60,0%), Iran (18,8%), Pakistan (11,4%), Bangladesh (6,0%), Sri Lanka (2,4%), en andere (1,3%). Het BBP per hoofd in Zuid-Azië onder de leiders: Iran ($1.860,6), Sri Lanka ($796,7), Pakistan ($560,7), India ($378,0) en Bangladesh ($316,0). De groei van het BBP onder de leiders: India (5,7%), Sri Lanka (5,3%), Bangladesh (4,8%), Iran (4,3%) en Pakistan (4,0%).

de jaren 2000

Het bruto binnenlands product van Zuid-Azië bedroeg in de jaren 2000 US$1,3 biljoen per jaar. Het aandeel in de wereld was 2,8%, en 10,3% in Azië.

Het bruto binnenlands product van Zuid-Azië bestond uit: huishoudelijke uitgaven (58,8%), kapitaalvorming (33,6%) en overheidsuitgaven (10,4%).

Het BBP per hoofd in Zuid-Azië was $823,6 in de jaren 2000s. Het BBP per hoofd in Zuid-Azië was in 8,7 keer lager dan het bruto binnenlands product per hoofd van de bevolking in de wereld ($7.176,3), en was in 3,9 keer lager dan het bruto binnenlands product per hoofd van de bevolking in Azië ($7.176,3).

De groei van het BBP in Zuid-Azië bedroeg 5.7% in de jaren 2000, en was vergelijkbaar met Bahrein (5,6%). De groei van het bruto binnenlands product in Zuid-Azië (5,7%) was groter dan de groei van het bruto binnenlands product in de wereld (3,0%), was groter dan de groei van het BBP in Azië (5,2%).

Vergelijking met subregio's. Het bruto binnenlands product van Zuid-Azië was groter dan in Zuidoost-Azië (US$1,0 biljoen) en in Centraal-Azië (US$102,4 miljard); maar minder dan in Oost-Azië (US$8,7 biljoen) en in Zuidwest-Azië (US$1,5 biljoen). Het BBP per hoofd in Zuid-Azië was in Zuid-Azië minder dan in Zuidwest-Azië (US$7,3 duizend), in Oost-Azië (US$5,6 duizend), in Zuidoost-Azië (US$1.827,8) en in Centraal-Azië (US$1.757,0). De groei van het BBP in Zuid-Azië was groter dan in Oost-Azië (5,3%), in Zuidoost-Azië (5,1%) en in Zuidwest-Azië (4,3%); maar minder dan in Centraal-Azië (7,8%).

Leiders. Het BBP van Zuid-Azië in de jaren 2000 bestond uit: India (64,1%), Iran (18,5%), Pakistan (8,8%), Bangladesh (5,0%), Sri Lanka (2,3%), en andere (1,3%). Het BBP per hoofd in Zuid-Azië onder de leiders: Iran ($3.462,2), Sri Lanka ($1.513,1), India ($730,3), Pakistan ($721,1) en Bangladesh ($470,6). De groei van het bruto binnenlands product onder de leiders: India (6,3%), Bangladesh (5,8%), Sri Lanka (5,0%), Pakistan (4,5%) en Iran (4,3%).

de jaren 2010

Het bruto binnenlands product van Zuid-Azië bedroeg in de jaren 2010 US$3,3 biljoen per jaar, en was vergelijkbaar met Oost-Europa (US$3,2 biljoen). Het aandeel in de wereld was 4,2%, en 12,0% in Azië.

Het bruto binnenlands product van Zuid-Azië bestond uit: huishoudelijke uitgaven (59,4%), kapitaalvorming (33,0%) en overheidsuitgaven (10,5%).

Het BBP per hoofd in Zuid-Azië was $1.801,7 in de jaren 2010s, en was vergelijkbaar met de Salomonseilanden (US$1.800,1), Soedan (US$1.833,1). Het BBP per hoofd in Zuid-Azië was in 5,9 keer lager dan het bruto binnenlands product per hoofd van de bevolking in de wereld ($10.603,1), en was in 3,4 keer lager dan het bruto binnenlands product per hoofd van de bevolking in Azië ($10.603,1).

De groei van het bruto binnenlands product in Zuid-Azië bedroeg 5.6% in de jaren 2010, en was vergelijkbaar met Mozambique (5,5%), Zimbabwe (5,6%). De groei van het bruto binnenlands product in Zuid-Azië (5,6%) was groter dan de groei van het BBP in de wereld (3,1%), was groter dan de groei van het BBP in Azië (5,2%).

Vergelijking met subregio's. Het BBP van Zuid-Azië was 4,9% groter dan in Zuidwest-Azië (US$3,1 biljoen), 26,9% groter dan in Zuidoost-Azië (US$2,6 biljoen) en 10,9 keer groter dan in Centraal-Azië (US$301,6 miljard); maar 5,5 keer minder dan in Oost-Azië (US$18,1 biljoen). Het bruto binnenlands product per hoofd in Zuid-Azië was in Zuid-Azië6,8 keer minder dan in Zuidwest-Azië (US$12,3 duizend), 6,1 keer minder dan in Oost-Azië (US$11,0 duizend), 2,5 keer minder dan in Centraal-Azië (US$4,4 duizend) en 2,3 keer minder dan in Zuidoost-Azië (US$4,1 duizend). De groei van het bruto binnenlands product in Zuid-Azië was groter dan in Centraal-Azië (5,5%), in Oost-Azië (5,4%), in Zuidoost-Azië (5,2%) en in Zuidwest-Azië (3,9%).

Leiders. Het bruto binnenlands product van Zuid-Azië in de jaren 2010 bestond uit: India (67,5%), Iran (15,4%), Pakistan (7,5%), Bangladesh (5,9%), Sri Lanka (2,3%), en andere (1,4%). Het BBP per hoofd in Zuid-Azië onder de leiders: Iran ($6.432,1), Sri Lanka ($3.682,8), India ($1.696,8), Pakistan ($1.243,9) en Bangladesh ($1.239,0). De groei van het BBP onder de leiders: Bangladesh (6,8%), India (6,7%), Sri Lanka (5,2%), Pakistan (4,2%) en Iran (0,75%).

Hoofdstuk II. Toegevoegde waarde

De toegevoegde waarde van Zuid-Azië steeg van US$169,1 miljard per jaar in de jaren 1970 tot US$3,1 biljoen per jaar in de jaren 2010, dat wil zeggen met US$2,9 biljoen of 18,1 keer. De verandering vond plaats op US$2,2 biljoen als gevolg van een 3,4-voudige stijging van de prijzen, en ook op US$516,6 miljard als gevolg van een 2,4-voudige toename van de productiviteit , evenals op US$202,7 miljard als gevolg van de toename van de bevolking. De gemiddelde jaarlijkse groei van de toegevoegde waarde is 4,4%. De minimumwaarde van de toegevoegde waarde bedroeg US$91,0 miljard in 1970. De maximumwaarde van de toegevoegde waarde bedroeg US$3,9 biljoen in 2019.

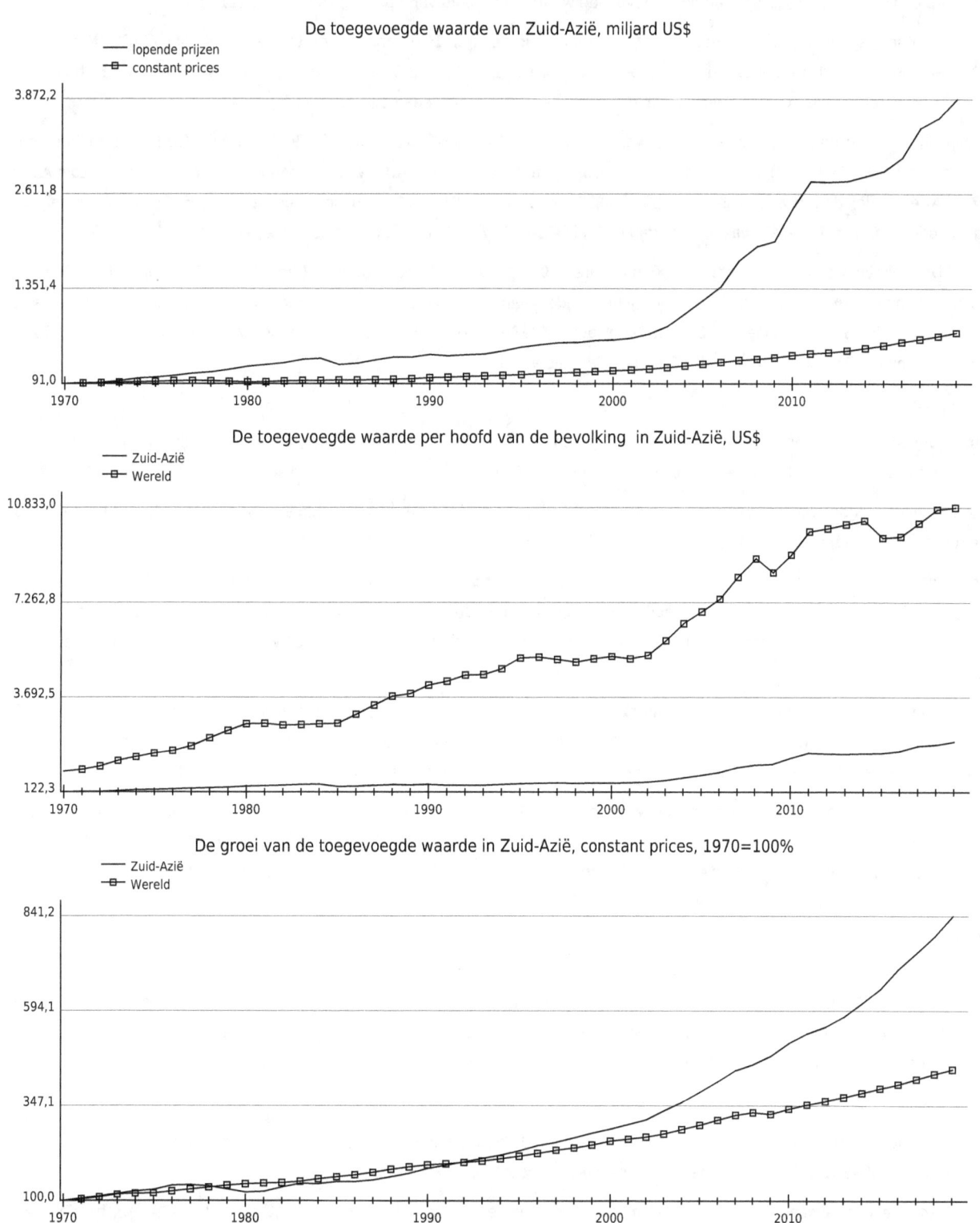

De toegevoegde waarde van Zuid-Azië, miljard US$

De toegevoegde waarde per hoofd van de bevolking in Zuid-Azië, US$

De groei van de toegevoegde waarde in Zuid-Azië, constant prices, 1970=100%

de jaren 1970

De toegevoegde waarde van Zuid-Azië bedroeg in de jaren 1970 US$169,1 miljard per jaar. Het aandeel in de wereld was 2,7%, en 14,3% in Azië.

De totale toegevoegde waarde van Zuid-Azië bestond uit: landbouw (30,4%), industrie (25,7%), diensten (24,5%), handel (8,6%), constructie (5,9%) en vervoer (5,0%).

De toegevoegde waarde per hoofd in Zuid-Azië was $204,7 in de jaren 1970s, en was vergelijkbaar met Sri Lanka (US$207,4). De toegevoegde waarde per hoofd in Zuid-Azië was in 7,6 keer lager dan de toegevoegde waarde per hoofd van de bevolking in de wereld ($1.564,4), en was in 2,5 keer lager dan de toegevoegde waarde per hoofd van de bevolking in Azië ($1.564,4).

De groei van de toegevoegde waarde in Zuid-Azië bedroeg 3% in de jaren 1970, en was vergelijkbaar met Laos (3,0%), Noord-Amerika (3,0%), Guinee (3,0%). De groei van de toegevoegde waarde in Zuid-Azië (3,0%) was minder dan de groei van de toegevoegde waarde in de wereld (3,9%), was minder dan de groei van de toegevoegde waarde in Azië (5,5%).

Vergelijking met subregio's. De toegevoegde waarde van Zuid-Azië was groter dan in Zuidwest-Azië (US$161,1 miljard) en in Zuidoost-Azië (US$89,5 miljard); maar minder dan in Oost-Azië (US$760,5 miljard). De toegevoegde waarde per hoofd in Zuid-Azië was in Zuid-Azië minder dan in Zuidwest-Azië (US$1.908,3), in Oost-Azië (US$694,0) en in Zuidoost-Azië (US$283,8). De groei van de toegevoegde waarde in Zuid-Azië was minder dan in Zuidwest-Azië (7,6%), in Zuidoost-Azië (7,0%) en in Oost-Azië (5,3%).

Leiders. De toegevoegde waarde van Zuid-Azië in de jaren 1970 bestond uit: India (53,5%), Iran (29,0%), Pakistan (8,6%), Bangladesh (5,0%), Sri Lanka (1,7%), en andere (2,2%). De toegevoegde waarde per hoofd in Zuid-Azië onder de leiders: Iran ($1.506,2), Pakistan ($220,8), Sri Lanka ($207,4), India ($146,6) en Bangladesh ($119,6). De groei van de toegevoegde waarde onder de leiders: Pakistan (4,3%), Sri Lanka (4,2%), Iran (3,8%), India (2,4%) en Bangladesh (1,1%).

de jaren 1980

De toegevoegde waarde van Zuid-Azië bedroeg in de jaren 1980 US$384,1 miljard per jaar, en was vergelijkbaar met Zuidwest-Azië (US$379,4 miljard). Het aandeel in de wereld was 2,6%, en 11,4% in Azië.

De totale toegevoegde waarde van Zuid-Azië bestond uit: landbouw (27,8%), diensten (25,9%), industrie (22,3%), handel (11,1%), constructie (6,5%) en transport (6,4%).

De toegevoegde waarde per hoofd in Zuid-Azië was $366,2 in de jaren 1980s, en was vergelijkbaar met Haïti (US$364,0), Oost-Afrika (US$361,3), Soedan (US$358,3). De toegevoegde waarde per hoofd in Zuid-Azië was in 8,3 keer lager dan de toegevoegde waarde per hoofd van de bevolking in de wereld ($3.029,9), en was in 3,3 keer lager dan de toegevoegde waarde per hoofd van de bevolking in Azië ($3.029,9).

De groei van de toegevoegde waarde in Zuid-Azië bedroeg 2.7% in de jaren 1980, en was vergelijkbaar met Kameroen (2,7%), Noord-Europa (2,8%), Israël (2,8%). De groei van de toegevoegde waarde in Zuid-Azië (2,7%) was minder dan de groei van de toegevoegde waarde in de wereld (2,9%), was minder dan de groei van de toegevoegde waarde in Azië (4,3%).

Vergelijking met subregio's. De toegevoegde waarde van Zuid-Azië was groter dan in Zuidwest-Azië (US$379,4 miljard) en in Zuidoost-Azië (US$249,0 miljard); maar minder dan in Oost-Azië (US$2,4 biljoen). De toegevoegde waarde per hoofd in Zuid-Azië was in Zuid-Azië minder dan in Zuidwest-Azië (US$3,3 duizend), in Oost-Azië (US$1.854,0) en in Zuidoost-Azië (US$628,1). De groei van de toegevoegde waarde in Zuid-Azië was groter dan in Zuidwest-Azië (0,11%); maar minder dan in Oost-Azië (5,6%) en in Zuidoost-Azië (5,2%).

Leiders. De toegevoegde waarde van Zuid-Azië in de jaren 1980 bestond uit: India (55,2%), Iran (27,4%), Pakistan (9,6%), Bangladesh (4,9%), Sri Lanka (1,2%), en andere (1,6%). De toegevoegde waarde per hoofd in Zuid-Azië onder de leiders: Iran ($2.263,8), Pakistan ($404,2), Sri Lanka ($294,2), India ($273,2) en Bangladesh ($211,4). De groei van de toegevoegde waarde onder de leiders: Pakistan (6,3%), India (5,8%), Sri Lanka (3,8%), Bangladesh (3,6%) en Iran (-3,0%).

de jaren 1990

De toegevoegde waarde van Zuid-Azië bedroeg in de jaren 1990 US$550,8 miljard per jaar, en was vergelijkbaar met Spanje (US$546,8 miljard), Afrika (US$561,8 miljard). Het aandeel in de wereld was 2,0%, en 7,2% in Azië.

De totale toegevoegde waarde van Zuid-Azië bestond uit: diensten (25,6%), landbouw (24,7%), industrie (24,2%), handel (12,4%), transport (7,3%) en constructie (5,7%).

De toegevoegde waarde per hoofd in Zuid-Azië was $420,6 in de jaren 1990s, en was vergelijkbaar met Kenia (US$431,0). De toegevoegde waarde per hoofd in Zuid-Azië was in 11,4 keer lager dan de toegevoegde waarde per hoofd van de bevolking in de wereld ($4.799,9), en was in 5,2 keer lager dan de toegevoegde waarde per hoofd van de bevolking in Azië ($4.799,9).

De groei van de toegevoegde waarde in Zuid-Azië bedroeg 4.9% in de jaren 1990. De groei van de toegevoegde waarde in Zuid-Azië (4,9%) was groter dan de groei van de toegevoegde waarde in de wereld (2,7%), was groter dan de groei van de toegevoegde waarde in Azië (4,6%).

Vergelijking met subregio's. De toegevoegde waarde van Zuid-Azië was groter dan in Centraal-Azië (US$45,9 miljard); maar minder dan in Oost-Azië (US$5,8 biljoen), in Zuidwest-Azië (US$623,5 miljard) en in Zuidoost-Azië (US$570,7 miljard). De toegevoegde waarde per hoofd in Zuid-Azië was in Zuid-Azië minder dan in Oost-Azië (US$4,0 duizend), in Zuidwest-Azië (US$3,8 duizend), in Zuidoost-Azië (US$1.185,5) en in Centraal-Azië (US$870,8). De groei van de toegevoegde waarde in Zuid-Azië was groter dan in Oost-Azië (4,4%), in Zuidwest-Azië (4,3%) en in Centraal-Azië (-4,3%); maar minder dan in Zuidoost-Azië (5,1%).

Leiders. De toegevoegde waarde van Zuid-Azië in de jaren 1990 bestond uit: India (58,4%), Iran (20,4%), Pakistan (11,5%), Bangladesh (6,3%), Sri Lanka (1,9%), en andere (1,4%). De toegevoegde waarde per hoofd in Zuid-Azië onder de leiders: Iran ($1.849,5), Sri Lanka ($578,6), Pakistan ($518,6), India ($336,7) en Bangladesh ($304,2). De groei van de toegevoegde waarde onder de leiders: Sri Lanka (5,7%), India (5,6%), Bangladesh (4,8%), Pakistan (4,4%) en Iran (3,7%).

de jaren 2000

De toegevoegde waarde van Zuid-Azië bedroeg in de jaren 2000 US$1,2 biljoen per jaar. Het aandeel in de wereld was 2,7%, en 9,9% in Azië.

De totale toegevoegde waarde van Zuid-Azië bestond uit: diensten (29,1%), industrie (25,6%), landbouw (17,4%), handel (11,9%), transport (8,3%) en bouw (7,7%).

De toegevoegde waarde per hoofd in Zuid-Azië was $772,7 in de jaren 2000s, en was vergelijkbaar met Moldavië (US$789,7). De toegevoegde waarde per hoofd in Zuid-Azië was in 8,8 keer lager dan de toegevoegde waarde per hoofd van de bevolking in de wereld ($6.818,0), en was in 4,0 keer lager dan de toegevoegde waarde per hoofd van de bevolking in Azië ($6.818,0).

De groei van de toegevoegde waarde in Zuid-Azië bedroeg 5.6% in de jaren 2000, en was vergelijkbaar met Oekraïne (5,6%), Cuba (5,6%), Bahrein (5,6%). De groei van de toegevoegde waarde in Zuid-Azië (5,6%) was groter dan de groei van de toegevoegde waarde in de wereld (2,9%), was groter dan de groei van de toegevoegde waarde in Azië (5,1%).

Vergelijking met subregio's. De toegevoegde waarde van Zuid-Azië was groter dan in Zuidoost-Azië (US$1,0 biljoen) en in Centraal-Azië (US$97,7 miljard); maar minder dan in Oost-Azië (US$8,6 biljoen) en in Zuidwest-Azië (US$1,4 biljoen). De toegevoegde waarde per hoofd in Zuid-Azië was in Zuid-Azië minder dan in Zuidwest-Azië (US$6,9 duizend), in Oost-Azië (US$5,5 duizend), in Zuidoost-Azië (US$1.807,0) en in Centraal-Azië (US$1.675,9). De groei van de toegevoegde waarde in Zuid-Azië was groter dan in Oost-Azië (5,1%), in Zuidoost-Azië (4,9%) en in Zuidwest-Azië (4,2%); maar minder dan in Centraal-Azië (7,5%).

Leiders. De toegevoegde waarde van Zuid-Azië in de jaren 2000 bestond uit: India (62,5%), Iran (20,1%), Pakistan (8,8%), Bangladesh (5,1%), Sri Lanka (2,1%), en andere (1,3%). De toegevoegde waarde per hoofd in Zuid-Azië onder de leiders: Iran ($3.527,6), Sri Lanka ($1.319,1), Pakistan ($678,2), India ($668,3) en Bangladesh ($450,6). De groei van de toegevoegde waarde onder de leiders: India (6,2%), Bangladesh (5,8%), Pakistan (4,6%), Sri Lanka (4,5%) en Iran (4,4%).

de jaren 2010

De toegevoegde waarde van Zuid-Azië bedroeg in de jaren 2010 US$3,1 biljoen per jaar, en was vergelijkbaar met Zuidwest-Azië (US$3,0 biljoen). Het aandeel in de wereld was 4,1%, en 11,4% in Azië.

De totale toegevoegde waarde van Zuid-Azië bestond uit: diensten (32,1%), industrie (23,2%), landbouw (16,7%), handel (12,6%), transport (7,9%) en bouw (7,5%).

De toegevoegde waarde per hoofd in Zuid-Azië was $1.681,3 in de jaren 2010s, en was vergelijkbaar met Kiribati (US$1.686,9), Nicaragua (US$1.715,6). De toegevoegde waarde per hoofd in Zuid-Azië was in 6,0 keer lager dan de toegevoegde waarde per hoofd van de bevolking in de wereld ($10.094,6), en was in 3,6 keer lager dan de toegevoegde waarde per hoofd van de bevolking in Azië

($10.094,6).

De groei van de toegevoegde waarde in Zuid-Azië bedroeg 5.8% in de jaren 2010, en was vergelijkbaar met Burkina Faso (5,8%), Turkije (5,8%), Zimbabwe (5,9%). De groei van de toegevoegde waarde in Zuid-Azië (5,8%) was groter dan de groei van de toegevoegde waarde in de wereld (3,1%), was groter dan de groei van de toegevoegde waarde in Azië (5,3%).

Vergelijking met subregio's. De toegevoegde waarde van Zuid-Azië was 1,9% groter dan in Zuidwest-Azië (US$3,0 biljoen), 21,9% groter dan in Zuidoost-Azië (US$2,5 biljoen) en 10,9 keer groter dan in Centraal-Azië (US$280,7 miljard); maar 5,9 keer minder dan in Oost-Azië (US$17,9 biljoen). De toegevoegde waarde per hoofd in Zuid-Azië was in Zuid-Azië7,0 keer minder dan in Zuidwest-Azië (US$11,8 duizend), 6,5 keer minder dan in Oost-Azië (US$10,9 duizend), 2,5 keer minder dan in Centraal-Azië (US$4,1 duizend) en 2,4 keer minder dan in Zuidoost-Azië (US$4,0 duizend). De groei van de toegevoegde waarde in Zuid-Azië was groter dan in Centraal-Azië (5,5%), in Oost-Azië (5,4%), in Zuidoost-Azië (5,1%) en in Zuidwest-Azië (3,9%).

Leiders. De toegevoegde waarde van Zuid-Azië in de jaren 2010 bestond uit: India (66,2%), Iran (16,5%), Pakistan (7,6%), Bangladesh (6,0%), Sri Lanka (2,3%), en andere (1,4%). De toegevoegde waarde per hoofd in Zuid-Azië onder de leiders: Iran ($6.443,3), Sri Lanka ($3.393,7), India ($1.552,2), Pakistan ($1.180,6) en Bangladesh ($1.178,7). De groei van de toegevoegde waarde onder de leiders: Bangladesh (6,9%), India (6,8%), Sri Lanka (5,3%), Pakistan (4,0%) en Iran (2,8%).

Hoofdstuk III. Bruto nationaal inkomen

Het BNI van Zuid-Azië steeg van US$180,4 miljard per jaar in de jaren 1970 tot US$3,3 biljoen per jaar in de jaren 2010, dat wil zeggen met US$3,1 biljoen of 18,1 keer. De verandering vond plaats op US$2,2 biljoen als gevolg van een 3,1-voudige stijging van de prijzen, en ook op US$657,0 miljard als gevolg van een 2,7-voudige toename van de productiviteit , evenals op US$216,4 miljard als gevolg van de toename van de bevolking. De gemiddelde jaarlijkse groei van het bruto nationaal inkomen is 4,6%. De minimumwaarde van het BNI bedroeg US$97,5 miljard in 1970. De maximumwaarde van het bruto nationaal inkomen bedroeg US$4,2 biljoen in 2019.

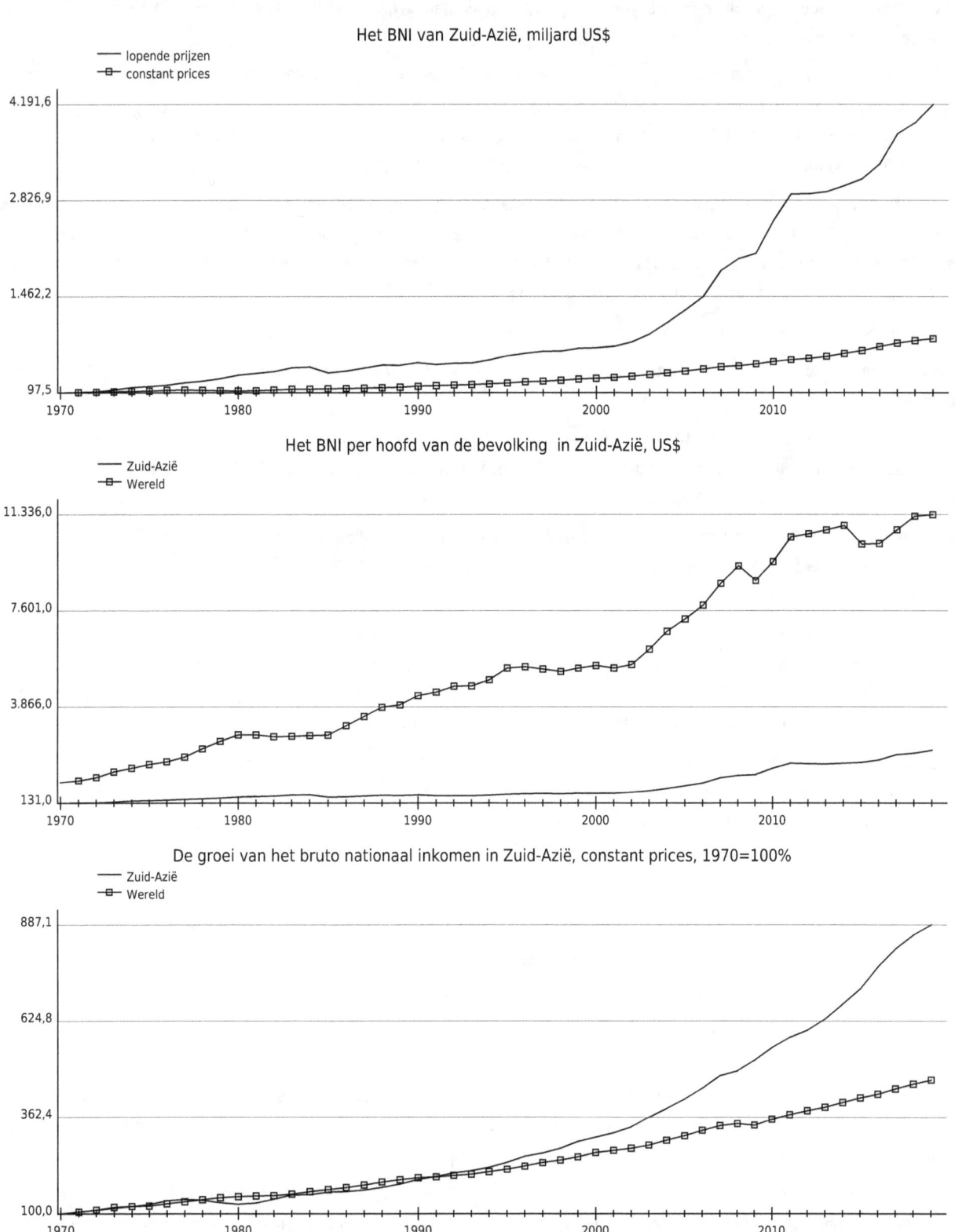

Het BNI van Zuid-Azië, miljard US$

Het BNI per hoofd van de bevolking in Zuid-Azië, US$

De groei van het bruto nationaal inkomen in Zuid-Azië, constant prices, 1970=100%

de jaren 1970

Het BNI van Zuid-Azië bedroeg in de jaren 1970 US$180,4 miljard per jaar. Het aandeel in de wereld was 2,8%, en 14,7% in Azië.

Het bruto nationaal inkomen per hoofd in Zuid-Azië was $218,5 in de jaren 1970s. Het BNI per hoofd in Zuid-Azië was in 7,4 keer lager dan het bruto nationaal inkomen per hoofd van de bevolking in de wereld ($1.624,3), en was in 2,4 keer lager dan het bruto nationaal inkomen per hoofd van de bevolking in Azië ($1.624,3).

De groei van het BNI in Zuid-Azië bedroeg 2.9% in de jaren 1970, en was vergelijkbaar met Barbados (2,9%), Zuid-Afrika (3,0%). De groei van het bruto nationaal inkomen in Zuid-Azië (2,9%) was minder dan de groei van het BNI in de wereld (4,1%), was minder dan de groei van het BNI in Azië (5,5%).

Vergelijking met subregio's. Het BNI van Zuid-Azië was groter dan in Zuidwest-Azië (US$168,6 miljard) en in Zuidoost-Azië (US$90,0 miljard); maar minder dan in Oost-Azië (US$790,1 miljard). Het bruto nationaal inkomen per hoofd in Zuid-Azië was in Zuid-Azië minder dan in Zuidwest-Azië (US$1.996,8), in Oost-Azië (US$721,0) en in Zuidoost-Azië (US$285,4). De groei van het bruto nationaal inkomen in Zuid-Azië was minder dan in Zuidwest-Azië (8,0%), in Zuidoost-Azië (7,1%) en in Oost-Azië (5,2%).

Leiders. Het BNI van Zuid-Azië in de jaren 1970 bestond uit: India (55,3%), Iran (26,6%), Pakistan (9,0%), Bangladesh (4,9%), Sri Lanka (2,1%), en andere (2,2%). Het bruto nationaal inkomen per hoofd in Zuid-Azië onder de leiders: Iran ($1.478,6), Sri Lanka ($278,2), Pakistan ($244,3), India ($161,6) en Bangladesh ($125,2). De groei van het bruto nationaal inkomen onder de leiders: Pakistan (5,2%), Sri Lanka (4,6%), Iran (3,5%), India (2,7%) en Bangladesh (0,84%).

de jaren 1980

Het bruto nationaal inkomen van Zuid-Azië bedroeg in de jaren 1980 US$422,8 miljard per jaar. Het aandeel in de wereld was 2,8%, en 12,1% in Azië.

Het BNI per hoofd in Zuid-Azië was $403,0 in de jaren 1980s, en was vergelijkbaar met Niger (US$402,2), Sri Lanka (US$405,6), Tanzania (US$409,6). Het BNI per hoofd in Zuid-Azië was in 7,7 keer lager dan het bruto nationaal inkomen per hoofd van de bevolking in de wereld ($3.117,1), en was in 3,1 keer lager dan het bruto nationaal inkomen per hoofd van de bevolking in Azië ($3.117,1).

De groei van het BNI in Zuid-Azië bedroeg 3.3% in de jaren 1980, en was vergelijkbaar met Oost-Europa (3,3%), Tsjaad (3,3%), Saint Vincent en de Grenadines (3,4%). De groei van het bruto nationaal inkomen in Zuid-Azië (3,3%) was groter dan de groei van het BNI in de wereld (3,0%), was minder dan de groei van het BNI in Azië (4,6%).

Vergelijking met subregio's. Het bruto nationaal inkomen van Zuid-Azië was groter dan in Zuidwest-Azië (US$402,6 miljard) en in Zuidoost-Azië (US$245,7 miljard); maar minder dan in Oost-Azië (US$2,4 biljoen). Het BNI per hoofd in Zuid-Azië was in Zuid-Azië minder dan in Zuidwest-Azië (US$3,5 duizend), in Oost-Azië (US$1.901,2) en in Zuidoost-Azië (US$619,7). De groei van het BNI in Zuid-Azië was groter dan in Zuidwest-Azië (0,94%); maar minder dan in Oost-Azië (5,6%) en in Zuidoost-Azië (5,3%).

Leiders. Het BNI van Zuid-Azië in de jaren 1980 bestond uit: India (56,7%), Iran (25,4%), Pakistan (10,1%), Bangladesh (4,7%), Sri Lanka (1,5%), en andere (1,5%). Het bruto nationaal inkomen per hoofd in Zuid-Azië onder de leiders: Iran ($2.305,0), Pakistan ($471,9), Sri Lanka ($405,6), India ($308,7) en Bangladesh ($223,3). De groei van het BNI onder de leiders: Pakistan (6,2%), India (5,5%), Sri Lanka (3,7%), Bangladesh (3,5%) en Iran (-1,6%).

de jaren 1990

Het bruto nationaal inkomen van Zuid-Azië bedroeg in de jaren 1990 US$598,5 miljard per jaar, en was vergelijkbaar met Brazilië (US$600,0 miljard), Canada (US$595,6 miljard). Het aandeel in de wereld was 2,1%, en 7,7% in Azië.

Het bruto nationaal inkomen per hoofd in Zuid-Azië was $457,0 in de jaren 1990s, en was vergelijkbaar met Kenia (US$450,5). Het BNI per hoofd in Zuid-Azië was in 10,9 keer lager dan het bruto nationaal inkomen per hoofd van de bevolking in de wereld ($4.991,4), en was in 4,9 keer lager dan het bruto nationaal inkomen per hoofd van de bevolking in Azië ($4.991,4).

De groei van het BNI in Zuid-Azië bedroeg 5.1% in de jaren 1990, en was vergelijkbaar met Jordanië (5,1%), Mauritius (5,1%), de Seychellen (5,1%). De groei van het bruto nationaal inkomen in Zuid-Azië (5,1%) was groter dan de groei van het bruto nationaal inkomen in de wereld (2,8%), was groter dan de groei van het BNI in Azië (4,6%).

Vergelijking met subregio's. Het BNI van Zuid-Azië was groter dan in Zuidoost-Azië (US$562,2 miljard) en in Centraal-Azië (US$47,2 miljard); maar minder dan in Oost-Azië (US$5,9 biljoen) en in Zuidwest-Azië (US$668,1 miljard). Het bruto nationaal inkomen per hoofd in Zuid-Azië was in Zuid-Azië minder dan in Oost-Azië (US$4,1 duizend), in Zuidwest-Azië (US$4,1 duizend), in Zuidoost-Azië (US$1.167,8) en in Centraal-Azië (US$894,8). De groei van het bruto nationaal inkomen in Zuid-Azië was groter dan in Oost-Azië (4,3%), in Zuidwest-Azië (4,3%) en in Centraal-Azië (-4,3%); maar minder dan in Zuidoost-Azië (5,3%).

Leiders. Het bruto nationaal inkomen van Zuid-Azië in de jaren 1990 bestond uit: India (59,7%), Iran (18,9%), Pakistan (11,5%), Bangladesh (6,2%), Sri Lanka (2,4%), en andere (1,3%). Het bruto nationaal inkomen per hoofd in Zuid-Azië onder de leiders: Iran ($1.858,2), Sri Lanka ($786,9), Pakistan ($563,4), India ($373,8) en Bangladesh ($325,0). De groei van het BNI onder de leiders: India (5,8%), Sri Lanka (5,3%), Bangladesh (4,9%), Iran (4,3%) en Pakistan (3,5%).

de jaren 2000

Het bruto nationaal inkomen van Zuid-Azië bedroeg in de jaren 2000 US$1,3 biljoen per jaar. Het aandeel in de wereld was 2,8%, en 10,3% in Azië.

Het bruto nationaal inkomen per hoofd in Zuid-Azië was $823,6 in de jaren 2000s. Het BNI per hoofd in Zuid-Azië was in 8,7 keer lager dan het bruto nationaal inkomen per hoofd van de bevolking in de wereld ($7.165,2), en was in 3,9 keer lager dan het bruto nationaal inkomen per hoofd van de bevolking in Azië ($7.165,2).

De groei van het bruto nationaal inkomen in Zuid-Azië bedroeg 5.7% in de jaren 2000, en was vergelijkbaar met Kaapverdië (5,7%), Sao Tomé en Principe (5,7%), Panama (5,8%). De groei van het bruto nationaal inkomen in Zuid-Azië (5,7%) was groter dan de groei van het BNI in de wereld (3,0%), was groter dan de groei van het BNI in Azië (5,3%).

Vergelijking met subregio's. Het bruto nationaal inkomen van Zuid-Azië was groter dan in Zuidoost-Azië (US$1,0 biljoen) en in Centraal-Azië (US$95,7 miljard); maar minder dan in Oost-Azië (US$8,8 biljoen) en in Zuidwest-Azië (US$1,5 biljoen). Het bruto nationaal inkomen per hoofd in Zuid-Azië was in Zuid-Azië minder dan in Zuidwest-Azië (US$7,3 duizend), in Oost-Azië (US$5,6 duizend), in Zuidoost-Azië (US$1.795,5) en in Centraal-Azië (US$1.642,1). De groei van het BNI in Zuid-Azië was groter dan in Oost-Azië (5,4%), in Zuidoost-Azië (5,2%) en in Zuidwest-Azië (4,2%); maar minder dan in Centraal-Azië (7,1%).

Leiders. Het bruto nationaal inkomen van Zuid-Azië in de jaren 2000 bestond uit: India (63,7%), Iran (18,5%), Pakistan (9,0%), Bangladesh (5,3%), Sri Lanka (2,2%), en andere (1,3%). Het BNI per hoofd in Zuid-Azië onder de leiders: Iran ($3.466,2), Sri Lanka ($1.493,8), Pakistan ($732,2), India ($725,4) en Bangladesh ($498,5). De groei van het bruto nationaal inkomen onder de leiders: India (6,3%), Bangladesh (6,2%), Sri Lanka (5,0%), Pakistan (4,8%) en Iran (4,3%).

de jaren 2010

Het BNI van Zuid-Azië bedroeg in de jaren 2010 US$3,3 biljoen per jaar. Het aandeel in de wereld was 4,2%, en 11,9% in Azië.

Het bruto nationaal inkomen per hoofd in Zuid-Azië was $1.802,0 in de jaren 2010s, en was vergelijkbaar met Ivoorkust (US$1.827,1), West-Afrika (US$1.773,8). Het BNI per hoofd in Zuid-Azië was in 5,9 keer lager dan het bruto nationaal inkomen per hoofd van de bevolking in de wereld ($10.611,7), en was in 3,5 keer lager dan het bruto nationaal inkomen per hoofd van de bevolking in Azië ($10.611,7).

De groei van het bruto nationaal inkomen in Zuid-Azië bedroeg 5.5% in de jaren 2010, en was vergelijkbaar met de Dominicaanse Republiek (5,5%), de Seychellen (5,5%). De groei van het BNI in Zuid-Azië (5,5%) was groter dan de groei van het bruto nationaal inkomen in de wereld (3,1%), was groter dan de groei van het bruto nationaal inkomen in Azië (5,2%).

Vergelijking met subregio's. Het BNI van Zuid-Azië was 5,1% groter dan in Zuidwest-Azië (US$3,1 biljoen), 28,9% groter dan in Zuidoost-Azië (US$2,5 biljoen) en 11,7 keer groter dan in Centraal-Azië (US$280,7 miljard); maar 5,6 keer minder dan in Oost-Azië (US$18,3 biljoen). Het bruto nationaal inkomen per hoofd in Zuid-Azië was in Zuid-Azië6,8 keer minder dan in Zuidwest-Azië (US$12,2 duizend), 6,2 keer minder dan in Oost-Azië (US$11,1 duizend), 2,3 keer minder dan in Centraal-Azië (US$4,1 duizend) en 2,2 keer minder dan in Zuidoost-Azië (US$4,0 duizend). De groei van het BNI in Zuid-Azië was groter dan in Centraal-Azië (5,4%), in Oost-Azië (5,3%), in Zuidoost-Azië (5,2%) en in Zuidwest-Azië (3,9%).

Leiders. Het BNI van Zuid-Azië in de jaren 2010 bestond uit: India (66,7%), Iran (15,4%), Pakistan (7,9%), Bangladesh (6,2%), Sri Lanka (2,3%), en andere (1,4%). Het bruto nationaal inkomen per hoofd in Zuid-Azië onder de leiders: Iran ($6.452,3), Sri Lanka ($3.599,3), India ($1.677,9), Bangladesh ($1.313,3) en Pakistan ($1.311,9). De groei van het bruto nationaal inkomen onder de leiders: India (6,6%), Bangladesh (6,4%), Sri Lanka (5,0%), Pakistan (4,6%) en Iran (0,78%).

Part II. Structuur

de jaren 2010

landbouw   16,7%
industrie   23,2%
constructie   7,5%
handel   12,6%
vervoer   7,9%
diensten   32,1%

Hoofdstuk IV. Landbouw

Landbouw, jacht, bosbouw, vissen (ISIC A-B)

De toegevoegde waarde van de landbouw in Zuid-Azië steeg van US$51,3 miljard per jaar in de jaren 1970 tot US$510,0 miljard per jaar in de jaren 2010, dat wil zeggen met US$458,7 miljard of 9,9 keer. De verandering vond plaats op US$348,8 miljard als gevolg van een 3,2-voudige stijging van de prijzen, en ook op US$48,3 miljard als gevolg van een 1,4-voudige toename van de productiviteit , evenals op US$61,6 miljard als gevolg van de toename van de bevolking. De gemiddelde jaarlijkse groei van de landbouw is 2,8%. De minimumwaarde van de landbouw bedroeg US$36,1 miljard in 1970. De maximumwaarde van de landbouw bedroeg US$634,6 miljard in 2019.

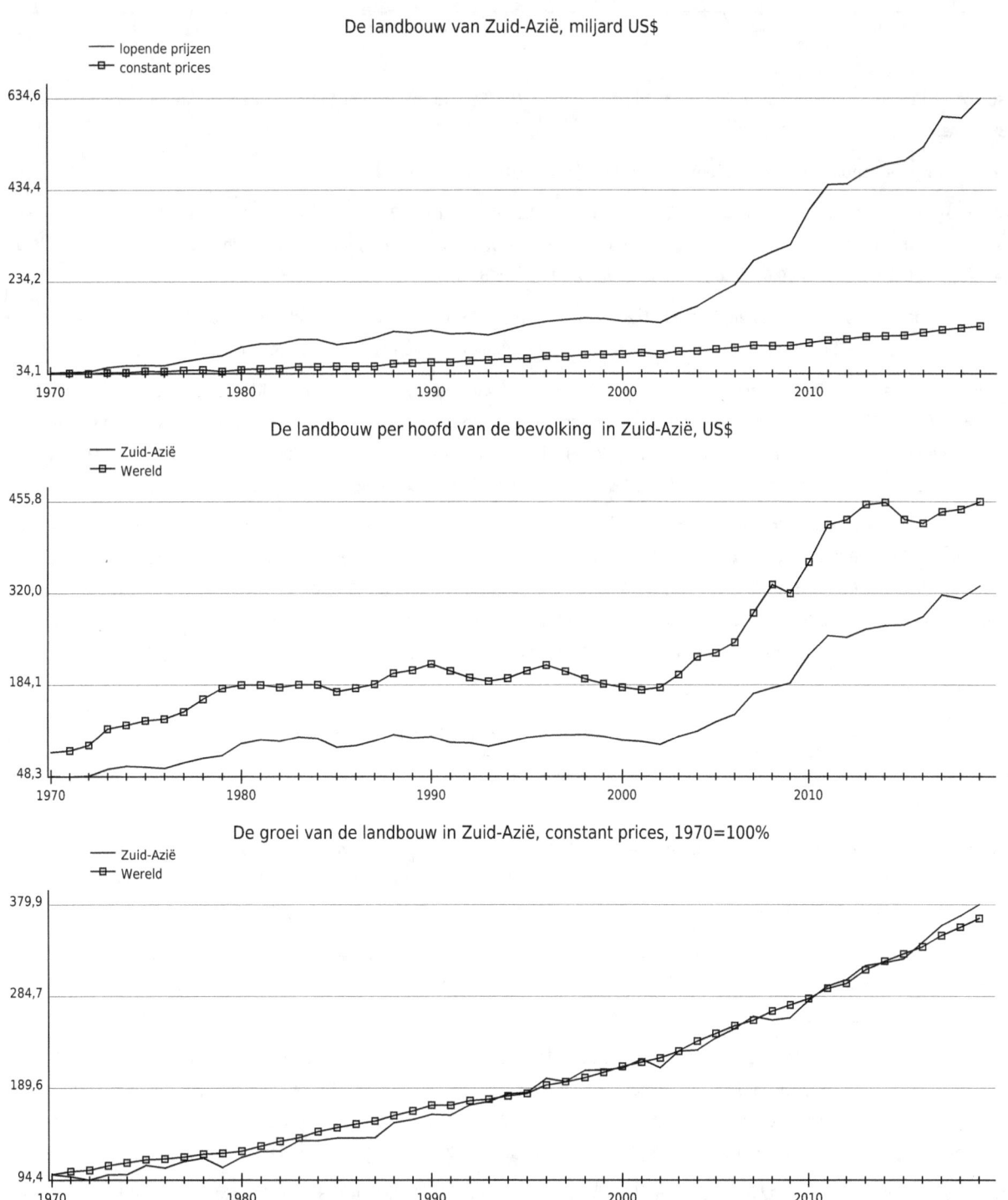

De landbouw van Zuid-Azië, miljard US$

De landbouw per hoofd van de bevolking in Zuid-Azië, US$

De groei van de landbouw in Zuid-Azië, constant prices, 1970=100%

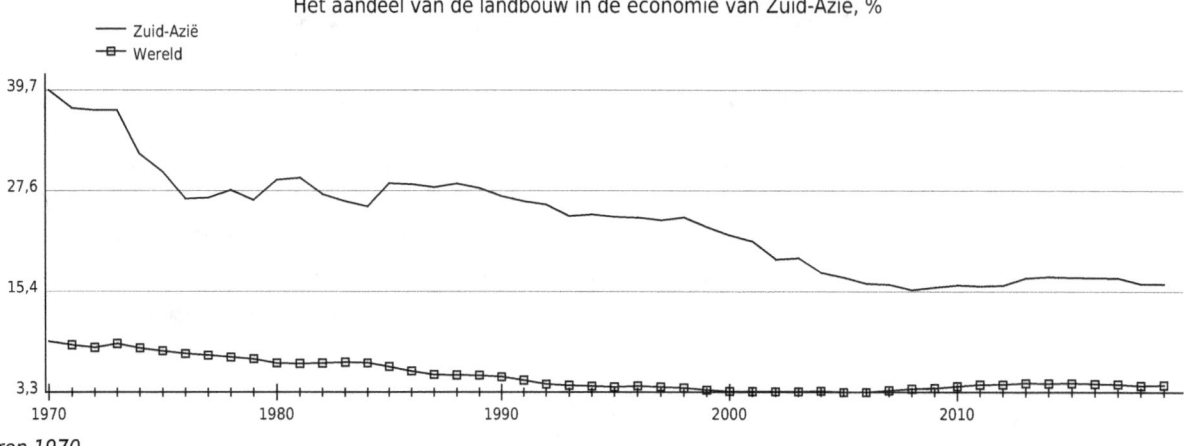

Het aandeel van de landbouw in de economie van Zuid-Azië, %

de jaren 1970

De sector van de landbouw in Zuid-Azië bedroeg in de jaren 1970 US$51,3 miljard per jaar. Het aandeel in de wereld was 10,0%, en 28,8% in Azië.

Het aandeel van de landbouw in de economie van Zuid-Azië was 30,4% in de jaren 1970.

De waarde van de landbouw per hoofd in Zuid-Azië was $62,2 in de jaren 1970s, en was vergelijkbaar met Irak (US$62,3), Togo (US$61,5), Burundi (US$63,7). De landbouw per hoofd in Zuid-Azië was in 2,1 keer lager dan de landbouw per hoofd van de bevolking in de wereld ($127,6), en was 19,0% lager dan de landbouw per hoofd van de bevolking in Azië ($127,6).

De groei van de landbouw in Zuid-Azië bedroeg 0.8% in de jaren 1970. De groei van de landbouw in Zuid-Azië (0,78%) was minder dan de groei van de landbouw in de wereld (2,2%), was minder dan de groei van de landbouw in Azië (2,0%).

Vergelijking met subregio's. De sector van de landbouw in Zuid-Azië was groter dan in Zuidoost-Azië (US$24,0 miljard) en in Zuidwest-Azië (US$17,5 miljard); maar minder dan in Oost-Azië (US$85,3 miljard). De sector van de landbouw per hoofd in Zuid-Azië was in Zuid-Azië minder dan in Zuidwest-Azië (US$207,7), in Oost-Azië (US$77,8) en in Zuidoost-Azië (US$76,1). De groei van de landbouw in Zuid-Azië was minder dan in Zuidoost-Azië (4,0%), in Zuidwest-Azië (2,3%) en in Oost-Azië (2,1%).

Leiders. De toegevoegde waarde van de landbouw in Zuid-Azië in de jaren 1970 bestond uit: India (70,0%), Pakistan (10,2%), Iran (7,2%), Bangladesh (6,9%), Afghanistan (2,3%), en andere (3,3%). Het aandeel van de landbouw in economie van de leiders: Afghanistan (50,2%), Bangladesh (42,4%), India (39,7%), Pakistan (35,7%) en Iran (7,6%). De sector van de landbouw per hoofd in Zuid-Azië onder de leiders: Iran ($114,3), Afghanistan ($94,9), Pakistan ($78,8), India ($58,3) en Bangladesh ($50,7). De groei van de landbouw onder de leiders: Iran (5,7%), Pakistan (1,9%), Afghanistan (0,64%), India (0,30%) en Bangladesh (-0,32%).

de jaren 1980

De landbouw van Zuid-Azië bedroeg in de jaren 1980 US$106,6 miljard per jaar. Het aandeel in de wereld was 11,8%, en 30,6% in Azië.

Het aandeel van de landbouw in de economie van Zuid-Azië was 27,8% in de jaren 1980, en was vergelijkbaar met Sao Tomé en Principe (27,6%).

De waarde van de landbouw per hoofd in Zuid-Azië was $101,6 in de jaren 1980s, en was vergelijkbaar met Mali (US$101,0), Tanzania (US$102,6), Jamaica (US$103,4). De toegevoegde waarde van de landbouw per hoofd in Zuid-Azië was 45,5% lager dan de landbouw per hoofd van de bevolking in de wereld ($186,6), en was 17,2% lager dan de landbouw per hoofd van de bevolking in Azië ($186,6).

De groei van de landbouw in Zuid-Azië bedroeg 3.9% in de jaren 1980, en was vergelijkbaar met Burkina Faso (3,9%), Maleisië (3,9%). De groei van de landbouw in Zuid-Azië (3,9%) was groter dan de groei van de landbouw in de wereld (3,1%), was groter dan de groei van de landbouw in Azië (3,8%).

Vergelijking met subregio's. De toegevoegde waarde van de landbouw in Zuid-Azië was groter dan in Zuidoost-Azië (US$47,8 miljard) en in Zuidwest-Azië (US$27,7 miljard); maar minder dan in Oost-Azië (US$166,2 miljard). De landbouw per hoofd in Zuid-Azië was in Zuid-Azië minder dan in Zuidwest-Azië (US$243,6), in Oost-Azië (US$130,1) en in Zuidoost-Azië (US$120,5). De groei van de landbouw in Zuid-Azië was groter dan in Zuidoost-Azië (3,6%) en in Zuidwest-Azië (2,2%); maar minder dan in Oost-Azië (4,0%).

Leiders. De landbouw van Zuid-Azië in de jaren 1980 bestond uit: India (66,0%), Iran (13,4%), Pakistan (10,5%), Bangladesh (6,1%),

Afghanistan (1,6%), en andere (2,4%). Het aandeel van de landbouw in economie van de leiders: Afghanistan (52,3%), Bangladesh (34,4%), India (33,2%), Pakistan (30,5%) en Iran (13,5%). De toegevoegde waarde van de landbouw per hoofd in Zuid-Azië onder de leiders: Iran ($305,8), Afghanistan ($139,7), Pakistan ($123,2), India ($90,7) en Bangladesh ($72,7). De groei van de landbouw onder de leiders: Pakistan (4,4%), India (4,4%), Iran (4,3%), Bangladesh (1,5%) en Afghanistan (-2,5%).

de jaren 1990

De sector van de landbouw in Zuid-Azië bedroeg in de jaren 1990 US$136,3 miljard per jaar, en was vergelijkbaar met China (US$139,0 miljard). Het aandeel in de wereld was 12,0%, en 25,9% in Azië.

Het aandeel van de landbouw in de economie van Zuid-Azië was 24,7% in de jaren 1990, en was vergelijkbaar met de FS van Micronesië (24,7%), Nigeria (24,7%), Suriname (24,9%).

De sector van de landbouw per hoofd in Zuid-Azië was $104,1 in de jaren 1990s, en was vergelijkbaar met Rwanda (US$103,3), Oeganda (US$105,4), Madagaskar (US$101,9). De sector van de landbouw per hoofd in Zuid-Azië was 47,9% lager dan de landbouw per hoofd van de bevolking in de wereld ($199,8), en was 31,4% lager dan de landbouw per hoofd van de bevolking in Azië ($199,8).

De groei van de landbouw in Zuid-Azië bedroeg 2.9% in de jaren 1990, en was vergelijkbaar met Ghana (2,9%), Zuid-Amerika (2,9%), Sri Lanka (2,9%). De groei van de landbouw in Zuid-Azië (2,9%) was groter dan de groei van de landbouw in de wereld (2,2%), was minder dan de groei van de landbouw in Azië (3,2%).

Vergelijking met subregio's. De landbouw van Zuid-Azië was groter dan in Zuidoost-Azië (US$73,5 miljard), in Zuidwest-Azië (US$49,6 miljard) en in Centraal-Azië (US$12,7 miljard); maar minder dan in Oost-Azië (US$253,2 miljard). De waarde van de landbouw per hoofd in Zuid-Azië was in Zuid-Azië minder dan in Zuidwest-Azië (US$301,5), in Centraal-Azië (US$241,3), in Oost-Azië (US$173,9) en in Zuidoost-Azië (US$152,6). De groei van de landbouw in Zuid-Azië was groter dan in Zuidoost-Azië (2,4%) en in Centraal-Azië (-3,4%); maar minder dan in Oost-Azië (3,2%) en in Zuidwest-Azië (3,0%).

Leiders. De sector van de landbouw in Zuid-Azië in de jaren 1990 bestond uit: India (67,0%), Pakistan (13,2%), Iran (9,0%), Bangladesh (6,9%), Sri Lanka (1,3%), en andere (2,6%). Het aandeel van de landbouw in economie van de leiders: India (28,4%), Pakistan (28,2%), Bangladesh (27,0%), Sri Lanka (17,1%) en Iran (11,0%). De waarde van de landbouw per hoofd in Zuid-Azië onder de leiders: Iran ($202,6), Pakistan ($146,5), Sri Lanka ($98,7), India ($95,6) en Bangladesh ($82,3). De groei van de landbouw onder de leiders: Pakistan (4,1%), Bangladesh (3,4%), Iran (3,3%), Sri Lanka (2,9%) en India (2,8%).

de jaren 2000

De toegevoegde waarde van de landbouw in Zuid-Azië bedroeg in de jaren 2000 US$211,6 miljard per jaar. Het aandeel in de wereld was 13,5%, en 26,4% in Azië.

Het aandeel van de landbouw in de economie van Zuid-Azië was 17,4% in de jaren 2000, en was vergelijkbaar met Mongolië (17,4%).

De landbouw per hoofd in Zuid-Azië was $134,4 in de jaren 2000s, en was vergelijkbaar met Zuidelijk Afrika (US$132,3). De toegevoegde waarde van de landbouw per hoofd in Zuid-Azië was 44,1% lager dan de landbouw per hoofd van de bevolking in de wereld ($240,3), en was 33,6% lager dan de landbouw per hoofd van de bevolking in Azië ($240,3).

De groei van de landbouw in Zuid-Azië bedroeg 2.3% in de jaren 2000, en was vergelijkbaar met Senegal (2,3%). De groei van de landbouw in Zuid-Azië (2,3%) was minder dan de groei van de landbouw in de wereld (3,0%), was minder dan de groei van de landbouw in Azië (3,1%).

Vergelijking met subregio's. De sector van de landbouw in Zuid-Azië was groter dan in Zuidoost-Azië (US$113,0 miljard), in Zuidwest-Azië (US$73,1 miljard) en in Centraal-Azië (US$15,3 miljard); maar minder dan in Oost-Azië (US$387,3 miljard). De sector van de landbouw per hoofd in Zuid-Azië was in Zuid-Azië minder dan in Zuidwest-Azië (US$358,2), in Centraal-Azië (US$262,0), in Oost-Azië (US$248,4) en in Zuidoost-Azië (US$202,7). De groei van de landbouw in Zuid-Azië was groter dan in Zuidwest-Azië (1,8%); maar minder dan in Centraal-Azië (4,8%), in Zuidoost-Azië (3,6%) en in Oost-Azië (3,4%).

Leiders. De landbouw van Zuid-Azië in de jaren 2000 bestond uit: India (69,8%), Pakistan (12,6%), Iran (7,9%), Bangladesh (5,9%), Nepal (1,3%), en andere (2,5%). Het aandeel van de landbouw in economie van de leiders: Nepal (34,5%), Pakistan (24,7%), Bangladesh (20,3%), India (19,4%) en Iran (6,8%). De waarde van de landbouw per hoofd in Zuid-Azië onder de leiders: Iran ($241,4), Pakistan ($167,7), India ($129,7), Nepal ($108,8) en Bangladesh ($91,5). De groei van de landbouw onder de leiders: Bangladesh (3,9%), Nepal (3,7%), Pakistan (3,2%), Iran (2,6%) en India (2,0%).

de jaren 2010

De sector van de landbouw in Zuid-Azië bedroeg in de jaren 2010 US$510,0 miljard per jaar. Het aandeel in de wereld was 16,1%, en 26,5% in Azië.

Het aandeel van de landbouw in de economie van Zuid-Azië was 16,7% in de jaren 2010, en was vergelijkbaar met de Marshalleilanden (16,8%).

De toegevoegde waarde van de landbouw per hoofd in Zuid-Azië was $280,8 in de jaren 2010s, en was vergelijkbaar met Nauru (US$279,5), India (US$279,1), Honduras (US$278,8). De toegevoegde waarde van de landbouw per hoofd in Zuid-Azië was 35,0% lager dan de landbouw per hoofd van de bevolking in de wereld ($432,1), en was 35,7% lager dan de landbouw per hoofd van de bevolking in Azië ($432,1).

De groei van de landbouw in Zuid-Azië bedroeg 3.8% in de jaren 2010, en was vergelijkbaar met Congo-Brazzaville (3,8%), Bangladesh (3,8%), China (3,8%). De groei van de landbouw in Zuid-Azië (3,8%) was groter dan de groei van de landbouw in de wereld (2,9%), was groter dan de groei van de landbouw in Azië (3,3%).

Vergelijking met subregio's. De landbouw van Zuid-Azië was 82,6% groter dan in Zuidoost-Azië (US$279,2 miljard), 4,5 keer groter dan in Zuidwest-Azië (US$113,7 miljard) en 15,2 keer groter dan in Centraal-Azië (US$33,5 miljard); maar 48,4% minder dan in Oost-Azië (US$988,8 miljard). De sector van de landbouw per hoofd in Zuid-Azië was in Zuid-Azië2,1 keer minder dan in Oost-Azië (US$602,9), 43,0% minder dan in Centraal-Azië (US$492,5), 37,2% minder dan in Zuidwest-Azië (US$446,9) en 36,6% minder dan in Zuidoost-Azië (US$443,1). De groei van de landbouw in Zuid-Azië was groter dan in Oost-Azië (3,3%), in Zuidoost-Azië (2,6%) en in Zuidwest-Azië (2,2%); maar minder dan in Centraal-Azië (4,2%).

Leiders. De landbouw van Zuid-Azië in de jaren 2010 bestond uit: India (71,3%), Pakistan (11,3%), Iran (8,6%), Bangladesh (5,4%), Nepal (1,2%), en andere (2,2%). Het aandeel van de landbouw in economie van de leiders: Nepal (31,8%), Pakistan (24,6%), India (18,0%), Bangladesh (15,2%) en Iran (8,7%). De sector van de landbouw per hoofd in Zuid-Azië onder de leiders: Iran ($559,0), Pakistan ($290,3), India ($279,1), Nepal ($231,6) en Bangladesh ($178,6). De groei van de landbouw onder de leiders: Iran (4,6%), India (4,1%), Bangladesh (3,8%), Nepal (3,1%) en Pakistan (2,0%).

Hoofdstuk V. Industrie

Mijnbouw, productie, nutsbedrijven (ISIC C-E)

De sector van de industrie in Zuid-Azië steeg van US$43,5 miljard per jaar in de jaren 1970 tot US$707,6 miljard per jaar in de jaren 2010, dat wil zeggen met US$664,2 miljard of 16,3 keer. De verandering vond plaats op US$527,5 miljard als gevolg van een 3,9-voudige stijging van de prijzen, en ook op US$84,5 miljard als gevolg van een 1,9-voudige toename van de productiviteit , evenals op US$52,1 miljard als gevolg van de toename van de bevolking. De gemiddelde jaarlijkse groei van de industrie is 4,0%. De minimumwaarde van de industrie bedroeg US$16,9 miljard in 1970. De maximumwaarde van de industrie bedroeg US$866,2 miljard in 2019.

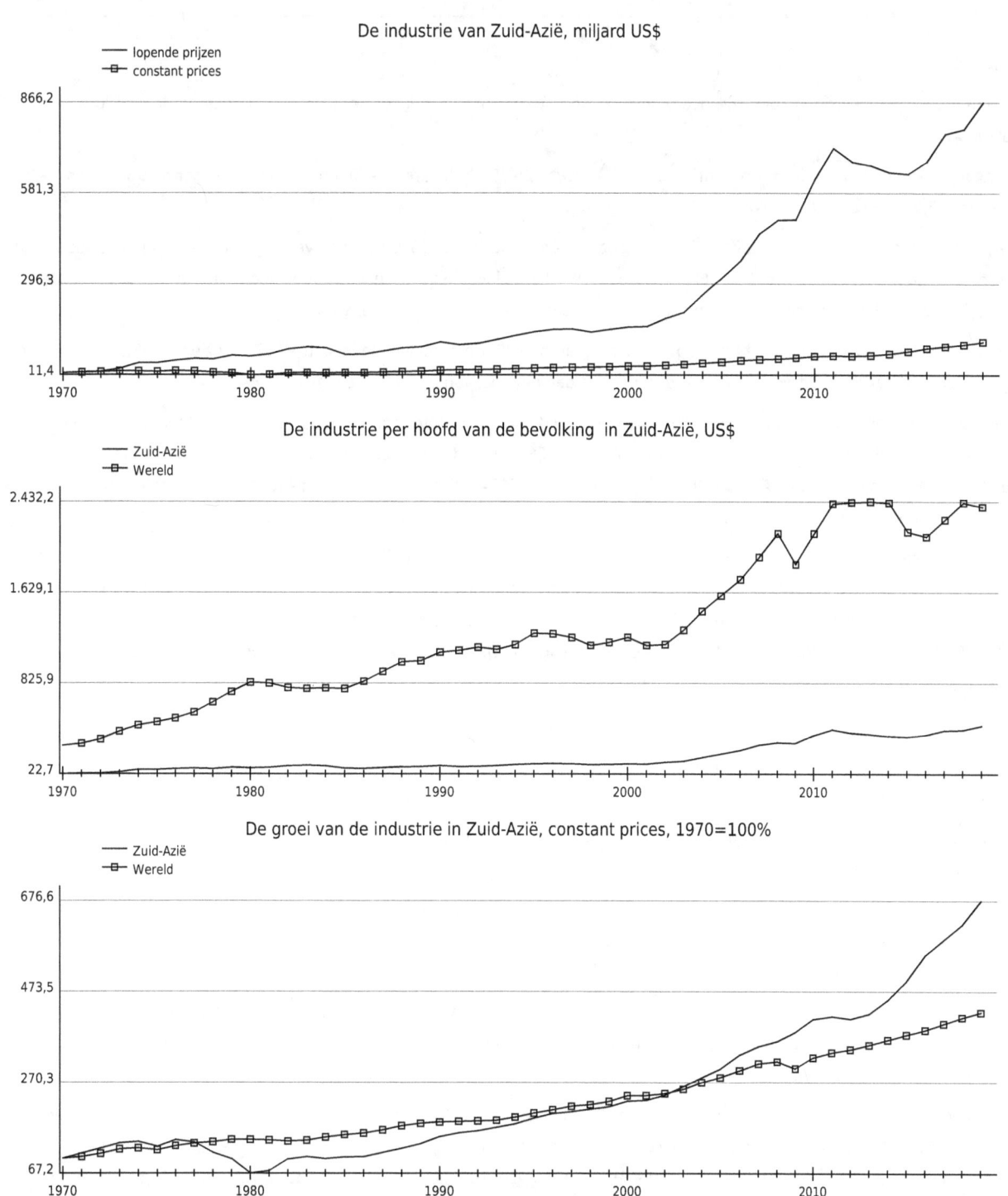

De industrie van Zuid-Azië, miljard US$

De industrie per hoofd van de bevolking in Zuid-Azië, US$

De groei van de industrie in Zuid-Azië, constant prices, 1970=100%

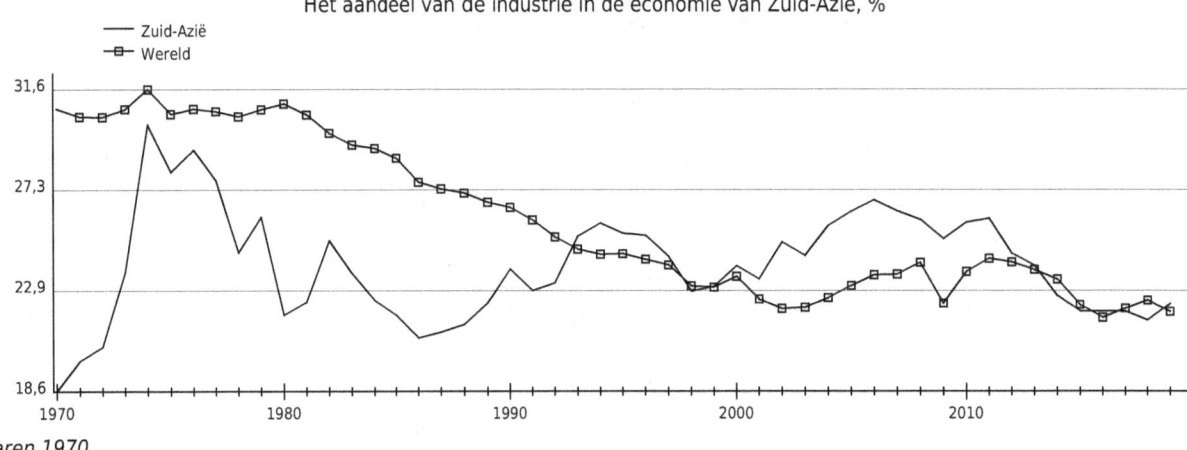

Het aandeel van de industrie in de economie van Zuid-Azië, %

de jaren 1970

De waarde van de industrie in Zuid-Azië bedroeg in de jaren 1970 US$43,5 miljard per jaar. Het aandeel in de wereld was 2,2%, en 10,8% in Azië.

Het aandeel van de industrie in de economie van Zuid-Azië was 25,7% in de jaren 1970, en was vergelijkbaar met Mauritanië (25,6%), Singapore (25,6%), de Centraal-Afrikaanse Republiek (25,6%).

De waarde van de industrie per hoofd in Zuid-Azië was $52,7 in de jaren 1970s, en was vergelijkbaar met Mongolië (US$51,6). De waarde van de industrie per hoofd in Zuid-Azië was in 9,1 keer lager dan de industrie per hoofd van de bevolking in de wereld ($480,5), en was in 3,3 keer lager dan de industrie per hoofd van de bevolking in Azië ($480,5).

De groei van de industrie in Zuid-Azië bedroeg -0.1% in de jaren 1970. De groei van de industrie in Zuid-Azië (-0,14%) was minder dan de groei van de industrie in de wereld (4,0%), was minder dan de groei van de industrie in Azië (5,7%).

Vergelijking met subregio's. De waarde van de industrie in Zuid-Azië was groter dan in Zuidoost-Azië (US$24,3 miljard); maar minder dan in Oost-Azië (US$267,6 miljard) en in Zuidwest-Azië (US$68,4 miljard). De sector van de industrie per hoofd in Zuid-Azië was in Zuid-Azië minder dan in Zuidwest-Azië (US$809,8), in Oost-Azië (US$244,2) en in Zuidoost-Azië (US$77,2). De groei van de industrie in Zuid-Azië was minder dan in Zuidoost-Azië (8,7%), in Zuidwest-Azië (8,0%) en in Oost-Azië (5,6%).

Leiders. De industrie van Zuid-Azië in de jaren 1970 bestond uit: Iran (47,0%), India (42,4%), Pakistan (4,9%), Bangladesh (2,6%), Sri Lanka (1,8%), en andere (1,3%). Het aandeel van de industrie in economie van de leiders: Iran (41,7%), Sri Lanka (27,3%), India (20,4%), Pakistan (14,6%) en Bangladesh (13,5%). De sector van de industrie per hoofd in Zuid-Azië onder de leiders: Iran ($628,5), Sri Lanka ($56,6), Pakistan ($32,2), India ($29,9) en Bangladesh ($16,1). De groei van de industrie onder de leiders: Sri Lanka (6,0%), Pakistan (5,0%), India (4,6%), Bangladesh (2,1%) en Iran (-2,7%).

de jaren 1980

De sector van de industrie in Zuid-Azië bedroeg in de jaren 1980 US$85,8 miljard per jaar, en was vergelijkbaar met Mexico (US$84,4 miljard). Het aandeel in de wereld was 2,1%, en 7,9% in Azië.

Het aandeel van de industrie in de economie van Zuid-Azië was 22,3% in de jaren 1980, en was vergelijkbaar met Frankrijk (22,3%), Kenia (22,4%), Guatemala (22,4%).

De industrie per hoofd in Zuid-Azië was $81,8 in de jaren 1980s, en was vergelijkbaar met Sao Tomé en Principe (US$80,7). De toegevoegde waarde van de industrie per hoofd in Zuid-Azië was in 10,5 keer lager dan de industrie per hoofd van de bevolking in de wereld ($861,8), en was in 4,7 keer lager dan de industrie per hoofd van de bevolking in Azië ($861,8).

De groei van de industrie in Zuid-Azië bedroeg 3% in de jaren 1980, en was vergelijkbaar met Centraal-Amerika (2,9%), Tonga (3,0%). De groei van de industrie in Zuid-Azië (3,0%) was groter dan de groei van de industrie in de wereld (2,3%), was minder dan de groei van de industrie in Azië (3,5%).

Vergelijking met subregio's. De sector van de industrie in Zuid-Azië was groter dan in Zuidoost-Azië (US$75,8 miljard); maar minder dan in Oost-Azië (US$776,4 miljard) en in Zuidwest-Azië (US$142,0 miljard). De sector van de industrie per hoofd in Zuid-Azië was in Zuid-Azië minder dan in Zuidwest-Azië (US$1.249,8), in Oost-Azië (US$607,7) en in Zuidoost-Azië (US$191,1). De groei van de industrie in Zuid-Azië was groter dan in Zuidwest-Azië (-1,9%); maar minder dan in Oost-Azië (5,7%) en in Zuidoost-Azië (4,8%).

Leiders. De toegevoegde waarde van de industrie in Zuid-Azië in de jaren 1980 bestond uit: India (59,4%), Iran (28,4%), Pakistan (6,4%), Bangladesh (3,5%), Sri Lanka (1,4%), en andere (1,0%). Het aandeel van de industrie in economie van de leiders: Sri Lanka (24,7%), India (24,0%), Iran (23,1%), Bangladesh (15,7%) en Pakistan (14,9%). De toegevoegde waarde van de industrie per hoofd in Zuid-Azië onder de leiders: Iran ($522,7), Sri Lanka ($72,7), India ($65,7), Pakistan ($60,0) en Bangladesh ($33,1). De groei van de industrie onder de leiders: Pakistan (9,0%), India (7,4%), Sri Lanka (3,7%), Bangladesh (2,2%) en Iran (-1,8%).

de jaren 1990

De industrie van Zuid-Azië bedroeg in de jaren 1990 US$133,4 miljard per jaar, en was vergelijkbaar met Centraal-Amerika (US$135,3 miljard). Het aandeel in de wereld was 2,0%, en 6,0% in Azië.

Het aandeel van de industrie in de economie van Zuid-Azië was 24,2% in de jaren 1990, en was vergelijkbaar met Tunesië (24,2%), Zuid-Amerika (24,2%), Canada (24,2%).

De toegevoegde waarde van de industrie per hoofd in Zuid-Azië was $101,9 in de jaren 1990s. De waarde van de industrie per hoofd in Zuid-Azië was in 11,5 keer lager dan de industrie per hoofd van de bevolking in de wereld ($1.175,6), en was in 6,3 keer lager dan de industrie per hoofd van de bevolking in Azië ($1.175,6).

De groei van de industrie in Zuid-Azië bedroeg 5% in de jaren 1990, en was vergelijkbaar met Kiribati (5,0%), Congo-Brazzaville (5,0%). De groei van de industrie in Zuid-Azië (5,0%) was groter dan de groei van de industrie in de wereld (2,5%), was minder dan de groei van de industrie in Azië (5,5%).

Vergelijking met subregio's. De toegevoegde waarde van de industrie in Zuid-Azië was groter dan in Centraal-Azië (US$10,6 miljard); maar minder dan in Oost-Azië (US$1,7 biljoen), in Zuidwest-Azië (US$207,7 miljard) en in Zuidoost-Azië (US$176,1 miljard). De toegevoegde waarde van de industrie per hoofd in Zuid-Azië was in Zuid-Azië minder dan in Zuidwest-Azië (US$1.262,7), in Oost-Azië (US$1.159,5), in Zuidoost-Azië (US$365,8) en in Centraal-Azië (US$200,3). De groei van de industrie in Zuid-Azië was groter dan in Zuidwest-Azië (4,6%) en in Centraal-Azië (-3,5%); maar minder dan in Zuidoost-Azië (6,3%) en in Oost-Azië (5,4%).

Leiders. De waarde van de industrie in Zuid-Azië in de jaren 1990 bestond uit: India (59,1%), Iran (26,1%), Pakistan (7,5%), Bangladesh (4,5%), Sri Lanka (2,1%). Het aandeel van de industrie in economie van de leiders: Iran (30,9%), Sri Lanka (26,3%), India (24,5%), Bangladesh (17,5%) en Pakistan (15,8%). De industrie per hoofd in Zuid-Azië onder de leiders: Iran ($572,0), Sri Lanka ($152,1), India ($82,6), Pakistan ($82,0) en Bangladesh ($53,1). De groei van de industrie onder de leiders: Bangladesh (7,6%), Sri Lanka (7,5%), India (5,8%), Pakistan (4,7%) en Iran (3,5%).

de jaren 2000

De waarde van de industrie in Zuid-Azië bedroeg in de jaren 2000 US$311,4 miljard per jaar, en was vergelijkbaar met Frankrijk (US$304,8 miljard). Het aandeel in de wereld was 3,0%, en 8,3% in Azië.

Het aandeel van de industrie in de economie van Zuid-Azië was 25,6% in de jaren 2000, en was vergelijkbaar met Ierland (25,6%), Hongarije (25,6%), Jordanië (25,5%).

De toegevoegde waarde van de industrie per hoofd in Zuid-Azië was $197,8 in de jaren 2000s, en was vergelijkbaar met Ivoorkust (US$196,8), Lesotho (US$201,0). De toegevoegde waarde van de industrie per hoofd in Zuid-Azië was in 8,0 keer lager dan de industrie per hoofd van de bevolking in de wereld ($1.573,8), en was in 4,8 keer lager dan de industrie per hoofd van de bevolking in Azië ($1.573,8).

De groei van de industrie in Zuid-Azië bedroeg 5.9% in de jaren 2000, en was vergelijkbaar met Oost-Afrika (6,0%). De groei van de industrie in Zuid-Azië (5,9%) was groter dan de groei van de industrie in de wereld (2,9%), was groter dan de groei van de industrie in Azië (5,7%).

Vergelijking met subregio's. De toegevoegde waarde van de industrie in Zuid-Azië was groter dan in Centraal-Azië (US$28,1 miljard); maar minder dan in Oost-Azië (US$2,5 biljoen), in Zuidwest-Azië (US$535,3 miljard) en in Zuidoost-Azië (US$346,9 miljard). De toegevoegde waarde van de industrie per hoofd in Zuid-Azië was in Zuid-Azië minder dan in Zuidwest-Azië (US$2,6 duizend), in Oost-Azië (US$1.629,7), in Zuidoost-Azië (US$622,3) en in Centraal-Azië (US$482,9). De groei van de industrie in Zuid-Azië was groter dan in Zuidoost-Azië (4,1%) en in Zuidwest-Azië (2,8%); maar minder dan in Centraal-Azië (7,7%) en in Oost-Azië (6,6%).

Leiders. De industrie van Zuid-Azië in de jaren 2000 bestond uit: India (57,8%), Iran (29,5%), Pakistan (6,3%), Bangladesh (3,8%), Sri Lanka (2,1%). Het aandeel van de industrie in economie van de leiders: Iran (37,6%), Sri Lanka (24,9%), India (23,6%), Bangladesh (18,9%) en Pakistan (18,1%). De toegevoegde waarde van de industrie per hoofd in Zuid-Azië onder de leiders: Iran ($1.327,2), Sri Lanka ($328,8), India ($158,0), Pakistan ($122,6) en Bangladesh ($85,4). De groei van de industrie onder de leiders: Bangladesh (7,5%), India (7,0%), Pakistan (5,7%), Sri Lanka (4,9%) en Iran (3,6%).

de jaren 2010

De waarde van de industrie in Zuid-Azië bedroeg in de jaren 2010 US$707,6 miljard per jaar. Het aandeel in de wereld was 4,2%, en 8,7% in Azië.

Het aandeel van de industrie in de economie van Zuid-Azië was 23,2% in de jaren 2010, en was vergelijkbaar met Kameroen (23,2%), de Wereld (23,0%), Senegal (23,4%).

De toegevoegde waarde van de industrie per hoofd in Zuid-Azië was $389,6 in de jaren 2010s, en was vergelijkbaar met Zambia (US$385,3), West-Afrika (US$381,4), Tonga (US$398,2). De toegevoegde waarde van de industrie per hoofd in Zuid-Azië was in 6,0 keer lager dan de industrie per hoofd van de bevolking in de wereld ($2.320,9), en was in 4,7 keer lager dan de industrie per hoofd van de bevolking in Azië ($2.320,9).

De groei van de industrie in Zuid-Azië bedroeg 5.9% in de jaren 2010. De groei van de industrie in Zuid-Azië (5,9%) was groter dan de groei van de industrie in de wereld (3,5%), was groter dan de groei van de industrie in Azië (5,6%).

Vergelijking met subregio's. De sector van de industrie in Zuid-Azië was 8,2 keer groter dan in Centraal-Azië (US$86,0 miljard); maar 7,8 keer minder dan in Oost-Azië (US$5,5 biljoen), 35,4% minder dan in Zuidwest-Azië (US$1,1 biljoen) en 7,4% minder dan in Zuidoost-Azië (US$764,3 miljard). De sector van de industrie per hoofd in Zuid-Azië was in Zuid-Azië11,1 keer minder dan in Zuidwest-Azië (US$4,3 duizend), 8,6 keer minder dan in Oost-Azië (US$3,3 duizend), 3,2 keer minder dan in Centraal-Azië (US$1.266,1) en 3,1 keer minder dan in Zuidoost-Azië (US$1.212,9). De groei van de industrie in Zuid-Azië was groter dan in Centraal-Azië (4,8%), in Zuidoost-Azië (4,2%) en in Zuidwest-Azië (3,4%); maar minder dan in Oost-Azië (6,1%).

Leiders. De industrie van Zuid-Azië in de jaren 2010 bestond uit: India (62,7%), Iran (23,2%), Pakistan (6,0%), Bangladesh (5,5%), Sri Lanka (2,2%). Het aandeel van de industrie in economie van de leiders: Iran (32,5%), Sri Lanka (22,2%), India (21,9%), Bangladesh (21,2%) en Pakistan (18,2%). De waarde van de industrie per hoofd in Zuid-Azië onder de leiders: Iran ($2.097,2), Sri Lanka ($754,3), India ($340,6), Bangladesh ($249,6) en Pakistan ($214,4). De groei van de industrie onder de leiders: Bangladesh (10,3%), India (6,5%), Sri Lanka (4,2%), Iran (3,9%) en Pakistan (3,7%).

Hoofdstuk 5.1. Fabricage

(ISIC D)

De fabricage van Zuid-Azië steeg van US$23,9 miljard per jaar in de jaren 1970 tot US$483,0 miljard per jaar in de jaren 2010, dat wil zeggen met US$459,1 miljard of 20,2 keer. De verandering vond plaats op US$207,7 miljard als gevolg van een 1,8-voudige stijging van de prijzen, en ook op US$222,6 miljard als gevolg van een 5,2-voudige toename van de productiviteit , evenals op US$28,7 miljard als gevolg van de toename van de bevolking. De gemiddelde jaarlijkse groei van de fabricage is 6,2%. De minimumwaarde van de fabricage bedroeg US$12,7 miljard in 1970. De maximumwaarde van de fabricage bedroeg US$607,9 miljard in 2019.

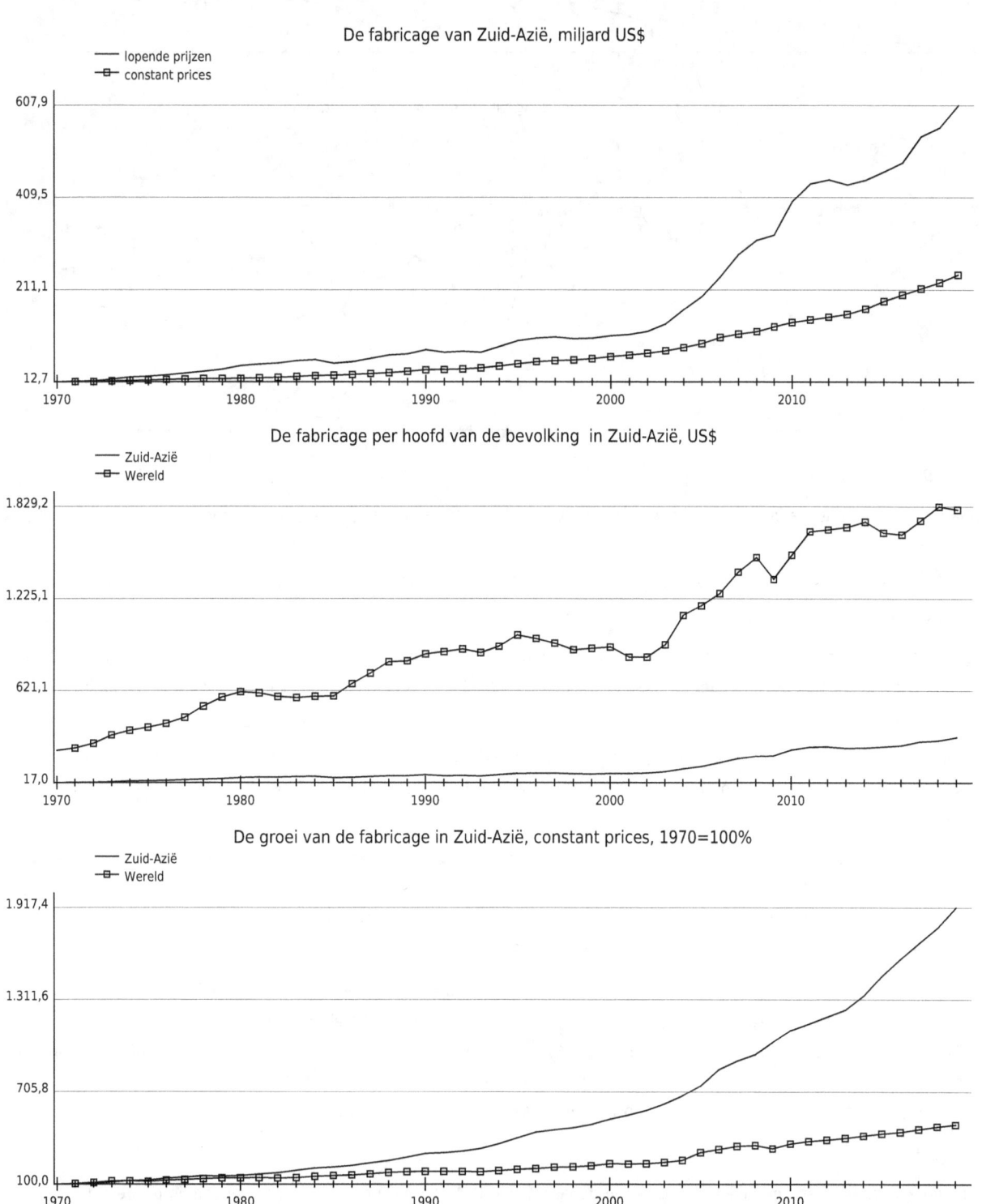

De fabricage van Zuid-Azië, miljard US$

De fabricage per hoofd van de bevolking in Zuid-Azië, US$

De groei van de fabricage in Zuid-Azië, constant prices, 1970=100%

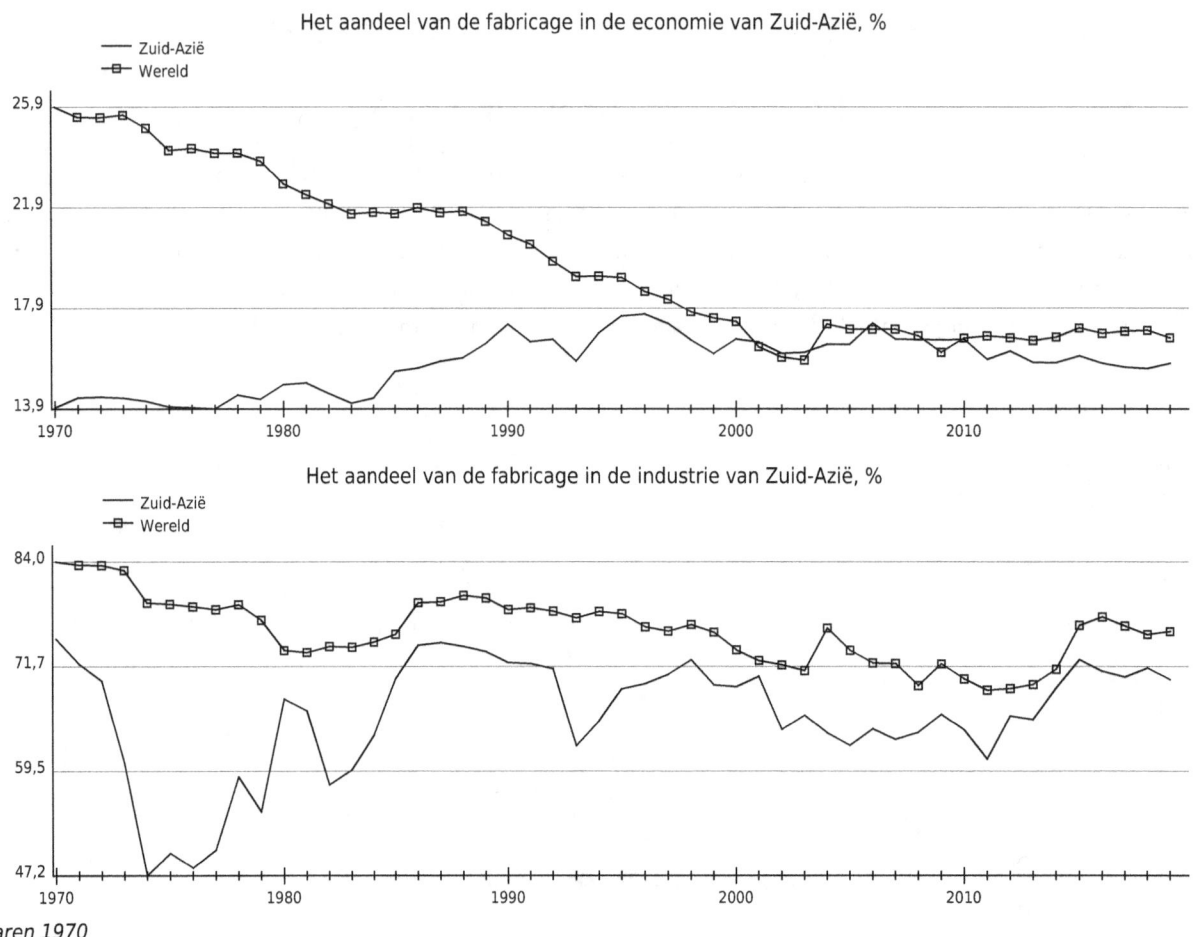

Het aandeel van de fabricage in de economie van Zuid-Azië, %

— Zuid-Azië
— Wereld

Het aandeel van de fabricage in de industrie van Zuid-Azië, %

— Zuid-Azië
— Wereld

de jaren 1970

De waarde van de fabricage in Zuid-Azië bedroeg in de jaren 1970 US$23,9 miljard per jaar. Het aandeel in de wereld was 1,5%, en 9,8% in Azië.

Het aandeel van de fabricage in de economie van Zuid-Azië was 14,2% in de jaren 1970, en was vergelijkbaar met Jamaica (14,1%), Malawi (14,1%), Barbados (14,3%).

De sector van de fabricage per hoofd in Zuid-Azië was $29,0 in de jaren 1970s. De fabricage per hoofd in Zuid-Azië was in 13,2 keer lager dan de fabricage per hoofd van de bevolking in de wereld ($383,2), en was in 3,6 keer lager dan de fabricage per hoofd van de bevolking in Azië ($383,2).

De groei van de fabricage in Zuid-Azië bedroeg 4.8% in de jaren 1970, en was vergelijkbaar met Afghanistan (4,8%). De groei van de fabricage in Zuid-Azië (4,8%) was groter dan de groei van de fabricage in de wereld (3,8%), was minder dan de groei van de fabricage in Azië (5,6%).

Vergelijking met subregio's. De toegevoegde waarde van de fabricage in Zuid-Azië was groter dan in Zuidwest-Azië (US$19,7 miljard) en in Zuidoost-Azië (US$15,3 miljard); maar minder dan in Oost-Azië (US$184,6 miljard). De waarde van de fabricage per hoofd in Zuid-Azië was in Zuid-Azië minder dan in Zuidwest-Azië (US$233,3), in Oost-Azië (US$168,5) en in Zuidoost-Azië (US$48,3). De groei van de fabricage in Zuid-Azië was minder dan in Zuidoost-Azië (9,5%), in Zuidwest-Azië (5,9%) en in Oost-Azië (5,2%).

Leiders. De toegevoegde waarde van de fabricage in Zuid-Azië in de jaren 1970 bestond uit: India (65,2%), Iran (18,5%), Pakistan (6,5%), Bangladesh (4,6%), Sri Lanka (2,9%), en andere (2,4%). Het aandeel van de fabricage in economie van de leiders: Sri Lanka (24,9%), India (17,3%), Bangladesh (13,0%), Pakistan (10,6%) en Iran (9,0%). De sector van de fabricage per hoofd in Zuid-Azië onder de leiders: Iran ($136,1), Sri Lanka ($51,7), India ($25,3), Pakistan ($23,4) en Bangladesh ($15,6). De groei van de fabricage onder de leiders: Iran (8,9%), Sri Lanka (5,9%), Pakistan (4,9%), India (4,5%) en Bangladesh (2,0%).

de jaren 1980

De waarde van de fabricage in Zuid-Azië bedroeg in de jaren 1980 US$58,4 miljard per jaar. Het aandeel in de wereld was 1,8%, en

8,0% in Azië.

Het aandeel van de fabricage in de economie van Zuid-Azië was 15,2% in de jaren 1980, en was vergelijkbaar met El Salvador (15,3%), Jamaica (15,1%), Oost-Afrika (15,1%).

De toegevoegde waarde van de fabricage per hoofd in Zuid-Azië was $55,6 in de jaren 1980s, en was vergelijkbaar met Kaapverdië (US$55,1), Afghanistan (US$54,7), Oost-Afrika (US$54,4). De sector van de fabricage per hoofd in Zuid-Azië was in 11,9 keer lager dan de fabricage per hoofd van de bevolking in de wereld ($661,2), en was in 4,6 keer lager dan de fabricage per hoofd van de bevolking in Azië ($661,2).

De groei van de fabricage in Zuid-Azië bedroeg 6.1% in de jaren 1980, en was vergelijkbaar met Noord-Afrika (6,1%). De groei van de fabricage in Zuid-Azië (6,1%) was groter dan de groei van de fabricage in de wereld (2,6%), was groter dan de groei van de fabricage in Azië (5,4%).

Vergelijking met subregio's. De waarde van de fabricage in Zuid-Azië was groter dan in Zuidwest-Azië (US$50,0 miljard) en in Zuidoost-Azië (US$49,6 miljard); maar minder dan in Oost-Azië (US$569,9 miljard). De toegevoegde waarde van de fabricage per hoofd in Zuid-Azië was in Zuid-Azië minder dan in Oost-Azië (US$446,1), in Zuidwest-Azië (US$440,1) en in Zuidoost-Azië (US$125,1). De groei van de fabricage in Zuid-Azië was groter dan in Zuidwest-Azië (5,2%) en in Oost-Azië (5,0%); maar minder dan in Zuidoost-Azië (7,3%).

Leiders. De sector van de fabricage in Zuid-Azië in de jaren 1980 bestond uit: India (67,0%), Iran (18,2%), Pakistan (6,8%), Bangladesh (4,9%), Sri Lanka (1,7%), en andere (1,4%). Het aandeel van de fabricage in economie van de leiders: Sri Lanka (21,3%), India (18,4%), Bangladesh (15,0%), Pakistan (10,8%) en Iran (10,1%). De toegevoegde waarde van de fabricage per hoofd in Zuid-Azië onder de leiders: Iran ($227,7), Sri Lanka ($62,7), India ($50,4), Pakistan ($43,8) en Bangladesh ($31,7). De groei van de fabricage onder de leiders: Pakistan (8,6%), India (6,9%), Iran (4,6%), Sri Lanka (3,0%) en Bangladesh (2,0%).

de jaren 1990

De fabricage van Zuid-Azië bedroeg in de jaren 1990 US$92,7 miljard per jaar, en was vergelijkbaar met Rusland (US$92,7 miljard). Het aandeel in de wereld was 1,8%, en 5,9% in Azië.

Het aandeel van de fabricage in de economie van Zuid-Azië was 16,8% in de jaren 1990, en was vergelijkbaar met Denemarken (16,8%), Colombia (16,9%), Frankrijk (16,8%).

De waarde van de fabricage per hoofd in Zuid-Azië was $70,8 in de jaren 1990s, en was vergelijkbaar met Zambia (US$69,8). De waarde van de fabricage per hoofd in Zuid-Azië was in 12,8 keer lager dan de fabricage per hoofd van de bevolking in de wereld ($908,4), en was in 6,4 keer lager dan de fabricage per hoofd van de bevolking in Azië ($908,4).

De groei van de fabricage in Zuid-Azië bedroeg 5.9% in de jaren 1990, en was vergelijkbaar met Grenada (5,9%). De groei van de fabricage in Zuid-Azië (5,9%) was groter dan de groei van de fabricage in de wereld (2,0%), was groter dan de groei van de fabricage in Azië (3,5%).

Vergelijking met subregio's. De sector van de fabricage in Zuid-Azië was groter dan in Centraal-Azië (US$6,8 miljard); maar minder dan in Oost-Azië (US$1,2 biljoen), in Zuidoost-Azië (US$138,9 miljard) en in Zuidwest-Azië (US$102,5 miljard). De waarde van de fabricage per hoofd in Zuid-Azië was in Zuid-Azië minder dan in Oost-Azië (US$851,3), in Zuidwest-Azië (US$623,3), in Zuidoost-Azië (US$288,6) en in Centraal-Azië (US$128,0). De groei van de fabricage in Zuid-Azië was groter dan in Zuidwest-Azië (4,4%), in Oost-Azië (2,1%) en in Centraal-Azië (-4,0%); maar minder dan in Zuidoost-Azië (6,8%).

Leiders. De toegevoegde waarde van de fabricage in Zuid-Azië in de jaren 1990 bestond uit: India (64,3%), Iran (19,1%), Pakistan (7,6%), Bangladesh (5,6%), Sri Lanka (2,6%). Het aandeel van de fabricage in economie van de leiders: Sri Lanka (22,8%), India (18,5%), Iran (15,7%), Bangladesh (15,0%) en Pakistan (11,1%). De sector van de fabricage per hoofd in Zuid-Azië onder de leiders: Iran ($290,3), Sri Lanka ($131,9), India ($62,4), Pakistan ($57,6) en Bangladesh ($45,7). De groei van de fabricage onder de leiders: Sri Lanka (7,8%), Iran (7,6%), Bangladesh (6,7%), India (5,8%) en Pakistan (4,3%).

de jaren 2000

De fabricage van Zuid-Azië bedroeg in de jaren 2000 US$202,0 miljard per jaar. Het aandeel in de wereld was 2,7%, en 7,8% in Azië.

Het aandeel van de fabricage in de economie van Zuid-Azië was 16,6% in de jaren 2000, en was vergelijkbaar met Europa (16,7%), de

Wereld (16,7%), Zuid-Amerika (16,8%).

De toegevoegde waarde van de fabricage per hoofd in Zuid-Azië was $128,3 in de jaren 2000s, en was vergelijkbaar met Azerbeidzjan (US$128,2). De toegevoegde waarde van de fabricage per hoofd in Zuid-Azië was in 8,9 keer lager dan de fabricage per hoofd van de bevolking in de wereld ($1.138,1), en was in 5,1 keer lager dan de fabricage per hoofd van de bevolking in Azië ($1.138,1).

De groei van de fabricage in Zuid-Azië bedroeg 7.7% in de jaren 2000, en was vergelijkbaar met Albanië (7,8%). De groei van de fabricage in Zuid-Azië (7,7%) was groter dan de groei van de fabricage in de wereld (4,2%), was minder dan de groei van de fabricage in Azië (10,5%).

Vergelijking met subregio's. De waarde van de fabricage in Zuid-Azië was groter dan in Zuidwest-Azië (US$175,0 miljard) en in Centraal-Azië (US$15,3 miljard); maar minder dan in Oost-Azië (US$2,0 biljoen) en in Zuidoost-Azië (US$255,0 miljard). De sector van de fabricage per hoofd in Zuid-Azië was in Zuid-Azië minder dan in Oost-Azië (US$1.255,9), in Zuidwest-Azië (US$857,6), in Zuidoost-Azië (US$457,3) en in Centraal-Azië (US$262,8). De groei van de fabricage in Zuid-Azië was groter dan in Centraal-Azië (7,0%), in Zuidoost-Azië (4,8%) en in Zuidwest-Azië (4,2%); maar minder dan in Oost-Azië (12,8%).

Leiders. De sector van de fabricage in Zuid-Azië in de jaren 2000 bestond uit: India (67,7%), Iran (16,8%), Pakistan (7,0%), Bangladesh (5,0%), Sri Lanka (2,7%). Het aandeel van de fabricage in economie van de leiders: Sri Lanka (21,2%), India (18,0%), Bangladesh (16,4%), Iran (13,9%) en Pakistan (13,1%). De toegevoegde waarde van de fabricage per hoofd in Zuid-Azië onder de leiders: Iran ($490,1), Sri Lanka ($279,5), India ($120,2), Pakistan ($88,8) en Bangladesh ($73,8). De groei van de fabricage onder de leiders: Iran (8,1%), India (8,0%), Bangladesh (7,4%), Pakistan (7,0%) en Sri Lanka (4,3%).

de jaren 2010

De toegevoegde waarde van de fabricage in Zuid-Azië bedroeg in de jaren 2010 US$483,0 miljard per jaar, en was vergelijkbaar met Zuid-Amerika (US$480,0 miljard). Het aandeel in de wereld was 3,9%, en 7,8% in Azië.

Het aandeel van de fabricage in de economie van Zuid-Azië was 15,8% in de jaren 2010, en was vergelijkbaar met Kameroen (15,8%), Nicaragua (15,7%), Estland (15,7%).

De toegevoegde waarde van de fabricage per hoofd in Zuid-Azië was $265,9 in de jaren 2010s, en was vergelijkbaar met Myanmar (US$268,2), Nicaragua (US$269,1), Azerbeidzjan (US$270,2). De toegevoegde waarde van de fabricage per hoofd in Zuid-Azië was in 6,4 keer lager dan de fabricage per hoofd van de bevolking in de wereld ($1.697,4), en was in 5,3 keer lager dan de fabricage per hoofd van de bevolking in Azië ($1.697,4).

De groei van de fabricage in Zuid-Azië bedroeg 6.4% in de jaren 2010, en was vergelijkbaar met Turkije (6,3%), Nigeria (6,4%), Estland (6,4%). De groei van de fabricage in Zuid-Azië (6,4%) was groter dan de groei van de fabricage in de wereld (3,9%), was groter dan de groei van de fabricage in Azië (6,0%).

Vergelijking met subregio's. De fabricage van Zuid-Azië was 34,3% groter dan in Zuidwest-Azië (US$359,7 miljard) en 9,8 keer groter dan in Centraal-Azië (US$49,1 miljard); maar 9,8 keer minder dan in Oost-Azië (US$4,7 biljoen) en 11,7% minder dan in Zuidoost-Azië (US$547,2 miljard). De fabricage per hoofd in Zuid-Azië was in Zuid-Azië 10,9 keer minder dan in Oost-Azië (US$2,9 duizend), 5,3 keer minder dan in Zuidwest-Azië (US$1.414,1), 3,3 keer minder dan in Zuidoost-Azië (US$868,4) en 2,7 keer minder dan in Centraal-Azië (US$723,2). De groei van de fabricage in Zuid-Azië was groter dan in Centraal-Azië (6,3%), in Oost-Azië (6,2%), in Zuidoost-Azië (4,9%) en in Zuidwest-Azië (4,4%).

Leiders. De fabricage van Zuid-Azië in de jaren 2010 bestond uit: India (70,2%), Iran (13,3%), Bangladesh (6,8%), Pakistan (6,5%), Sri Lanka (2,7%). Het aandeel van de fabricage in economie van de leiders: Sri Lanka (18,4%), Bangladesh (18,1%), India (16,8%), Pakistan (13,6%) en Iran (12,7%). De toegevoegde waarde van de fabricage per hoofd in Zuid-Azië onder de leiders: Iran ($821,0), Sri Lanka ($625,0), India ($260,3), Bangladesh ($213,0) en Pakistan ($160,0). De groei van de fabricage onder de leiders: Bangladesh (10,6%), India (7,0%), Sri Lanka (3,6%), Pakistan (3,5%) en Iran (2,6%).

Hoofdstuk VI. Constructie

(ISIC F)

De sector van de constructie in Zuid-Azië steeg van US$9,9 miljard per jaar in de jaren 1970 tot US$228,4 miljard per jaar in de jaren 2010, dat wil zeggen met US$218,4 miljard of 23,0 keer. De verandering vond plaats op US$167,0 miljard als gevolg van een 3,7-voudige stijging van de prijzen, en ook op US$39,5 miljard als gevolg van een 2,8-voudige toename van de productiviteit , evenals op US$11,9 miljard als gevolg van de toename van de bevolking. De gemiddelde jaarlijkse groei van de constructie is 4,8%. De minimumwaarde van de constructie bedroeg US$4,3 miljard in 1970. De maximumwaarde van de constructie bedroeg US$272,8 miljard in 2019.

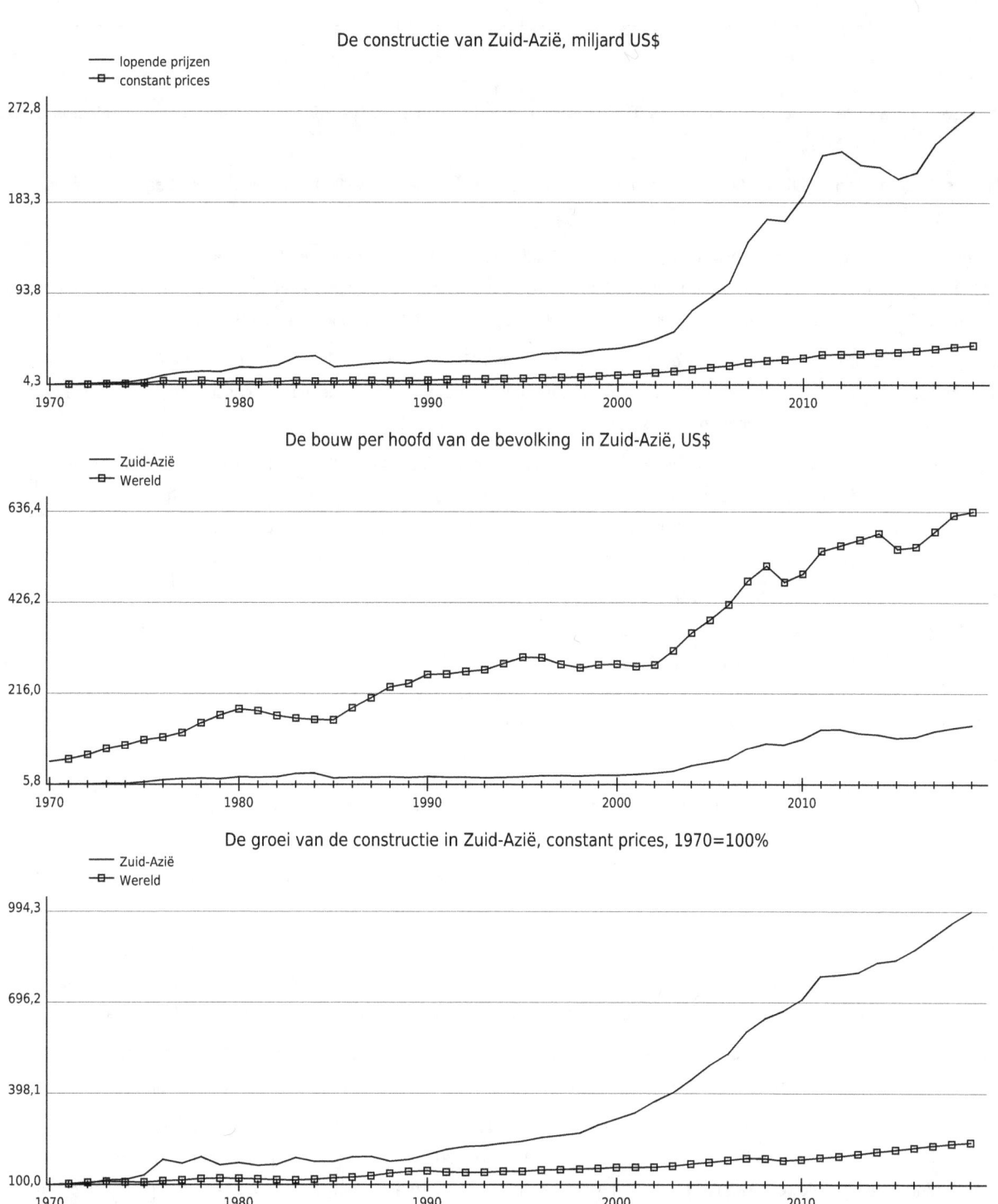

De constructie van Zuid-Azië, miljard US$

De bouw per hoofd van de bevolking in Zuid-Azië, US$

De groei van de constructie in Zuid-Azië, constant prices, 1970=100%

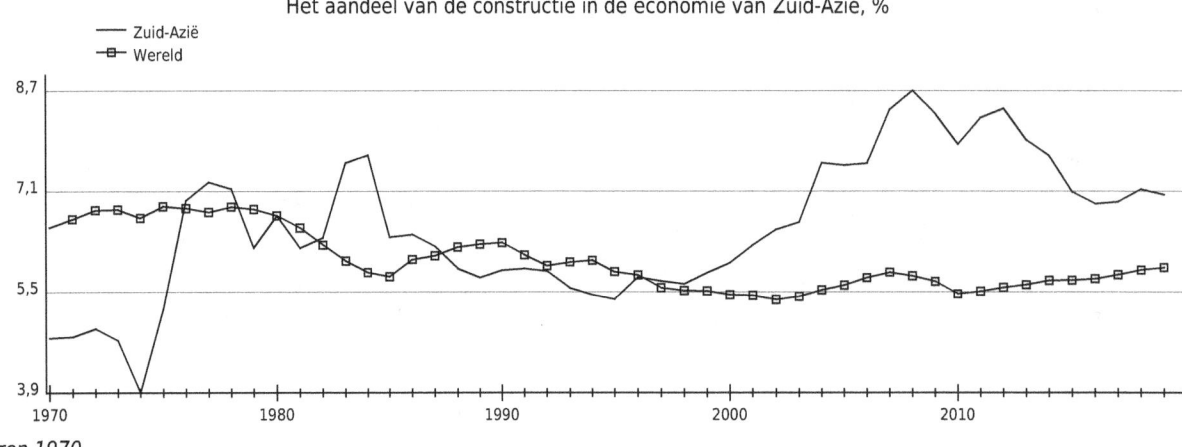

Het aandeel van de constructie in de economie van Zuid-Azië, %

— Zuid-Azië
—□— Wereld

de jaren 1970

De toegevoegde waarde van de constructie in Zuid-Azië bedroeg in de jaren 1970 US$9,9 miljard per jaar. Het aandeel in de wereld was 2,3%, en 12,4% in Azië.

Het aandeel van de constructie in de economie van Zuid-Azië was 5,9% in de jaren 1970, en was vergelijkbaar met Portugal (5,9%), Gambia (5,9%).

De toegevoegde waarde van de constructie per hoofd in Zuid-Azië was $12,0 in de jaren 1970s, en was vergelijkbaar met Kenia (US$11,9), Egypte (US$12,3). De bouw per hoofd in Zuid-Azië was in 8,8 keer lager dan de constructie per hoofd van de bevolking in de wereld ($106,1), en was in 2,9 keer lager dan de constructie per hoofd van de bevolking in Azië ($106,1).

De groei van de constructie in Zuid-Azië bedroeg 5.7% in de jaren 1970, en was vergelijkbaar met Gambia (5,6%), Mongolië (5,7%), Kameroen (5,7%). De groei van de constructie in Zuid-Azië (5,7%) was groter dan de groei van de constructie in de wereld (2,1%), was groter dan de groei van de constructie in Azië (5,1%).

Vergelijking met subregio's. De bouw van Zuid-Azië was groter dan in Zuidoost-Azië (US$4,3 miljard); maar minder dan in Oost-Azië (US$53,3 miljard) en in Zuidwest-Azië (US$12,4 miljard). De toegevoegde waarde van de constructie per hoofd in Zuid-Azië was in Zuid-Azië minder dan in Zuidwest-Azië (US$146,6), in Oost-Azië (US$48,6) en in Zuidoost-Azië (US$13,7). De groei van de constructie in Zuid-Azië was groter dan in Oost-Azië (4,0%); maar minder dan in Zuidoost-Azië (11,5%) en in Zuidwest-Azië (10,4%).

Leiders. De toegevoegde waarde van de constructie in Zuid-Azië in de jaren 1970 bestond uit: Iran (45,8%), India (43,2%), Pakistan (5,0%), Bangladesh (3,6%), Sri Lanka (1,3%), en andere (1,2%). Het aandeel van de constructie in economie van de leiders: Iran (9,3%), India (4,7%), Sri Lanka (4,6%), Bangladesh (4,2%) en Pakistan (3,4%). De sector van de constructie per hoofd in Zuid-Azië onder de leiders: Iran ($139,9), Sri Lanka ($9,5), Pakistan ($7,5), India ($7,0) en Bangladesh ($5,1). De groei van de constructie onder de leiders: Iran (11,1%), Pakistan (6,4%), Sri Lanka (2,7%), India (2,0%) en Bangladesh (0,015%).

de jaren 1980

De waarde van de constructie in Zuid-Azië bedroeg in de jaren 1980 US$25,0 miljard per jaar. Het aandeel in de wereld was 2,8%, en 10,6% in Azië.

Het aandeel van de constructie in de economie van Zuid-Azië was 6,5% in de jaren 1980, en was vergelijkbaar met Frankrijk (6,5%), West-Europa (6,5%).

De toegevoegde waarde van de constructie per hoofd in Zuid-Azië was $23,8 in de jaren 1980s, en was vergelijkbaar met El Salvador (US$23,6). De toegevoegde waarde van de constructie per hoofd in Zuid-Azië was in 7,8 keer lager dan de constructie per hoofd van de bevolking in de wereld ($186,2), en was in 3,5 keer lager dan de constructie per hoofd van de bevolking in Azië ($186,2).

De groei van de constructie in Zuid-Azië bedroeg 1% in de jaren 1980. De groei van de constructie in Zuid-Azië (1,0%) was minder dan de groei van de constructie in de wereld (1,7%), was minder dan de groei van de constructie in Azië (2,7%).

Vergelijking met subregio's. De waarde van de constructie in Zuid-Azië was groter dan in Zuidoost-Azië (US$13,0 miljard); maar minder dan in Oost-Azië (US$168,2 miljard) en in Zuidwest-Azië (US$30,2 miljard). De constructie per hoofd in Zuid-Azië was in Zuid-Azië minder dan in Zuidwest-Azië (US$265,8), in Oost-Azië (US$131,6) en in Zuidoost-Azië (US$32,8). De groei van de constructie in Zuid-Azië was groter dan in Zuidwest-Azië (-0,79%); maar minder dan in Zuidoost-Azië (3,8%) en in Oost-Azië (3,3%).

Leiders. De waarde van de constructie in Zuid-Azië in de jaren 1980 bestond uit: India (46,9%), Iran (42,0%), Pakistan (4,4%), Bangladesh (4,4%), Sri Lanka (1,4%). Het aandeel van de constructie in economie van de leiders: Iran (9,9%), Sri Lanka (7,2%), Bangladesh (5,7%), India (5,5%) en Pakistan (3,0%). De toegevoegde waarde van de constructie per hoofd in Zuid-Azië onder de leiders: Iran ($225,2), Sri Lanka ($21,2), India ($15,1), Bangladesh ($12,1) en Pakistan ($12,1). De groei van de constructie onder de leiders: Pakistan (5,4%), Bangladesh (5,1%), India (5,0%), Sri Lanka (4,7%) en Iran (-5,6%).

de jaren 1990

De toegevoegde waarde van de constructie in Zuid-Azië bedroeg in de jaren 1990 US$31,2 miljard per jaar, en was vergelijkbaar met Canada (US$31,8 miljard). Het aandeel in de wereld was 2,0%, en 5,7% in Azië.

Het aandeel van de constructie in de economie van Zuid-Azië was 5,7% in de jaren 1990, en was vergelijkbaar met het Verenigd Koninkrijk (5,6%).

De sector van de constructie per hoofd in Zuid-Azië was $23,8 in de jaren 1990s, en was vergelijkbaar met Ghana (US$24,4). De toegevoegde waarde van de constructie per hoofd in Zuid-Azië was in 11,7 keer lager dan de constructie per hoofd van de bevolking in de wereld ($278,6), en was in 6,7 keer lager dan de constructie per hoofd van de bevolking in Azië ($278,6).

De groei van de constructie in Zuid-Azië bedroeg 5% in de jaren 1990, en was vergelijkbaar met Saint Vincent en de Grenadines (4,9%). De groei van de constructie in Zuid-Azië (5,0%) was groter dan de groei van de constructie in de wereld (0,71%), was groter dan de groei van de constructie in Azië (2,3%).

Vergelijking met subregio's. De toegevoegde waarde van de constructie in Zuid-Azië was groter dan in Centraal-Azië (US$3,3 miljard); maar minder dan in Oost-Azië (US$439,5 miljard), in Zuidwest-Azië (US$43,0 miljard) en in Zuidoost-Azië (US$33,2 miljard). De waarde van de constructie per hoofd in Zuid-Azië was in Zuid-Azië minder dan in Oost-Azië (US$301,8), in Zuidwest-Azië (US$261,7), in Zuidoost-Azië (US$69,0) en in Centraal-Azië (US$61,8). De groei van de constructie in Zuid-Azië was groter dan in Zuidoost-Azië (4,6%), in Zuidwest-Azië (3,6%), in Oost-Azië (1,5%) en in Centraal-Azië (-9,6%).

Leiders. De constructie van Zuid-Azië in de jaren 1990 bestond uit: India (60,8%), Iran (23,0%), Bangladesh (7,4%), Pakistan (5,4%), Sri Lanka (2,1%), en andere (1,4%). Het aandeel van de constructie in economie van de leiders: Bangladesh (6,7%), Iran (6,4%), Sri Lanka (6,1%), India (5,9%) en Pakistan (2,6%). De waarde van de constructie per hoofd in Zuid-Azië onder de leiders: Iran ($117,5), Sri Lanka ($35,5), Bangladesh ($20,2), India ($19,8) en Pakistan ($13,7). De groei van de constructie onder de leiders: Bangladesh (7,2%), Sri Lanka (5,7%), India (5,6%), Iran (3,2%) en Pakistan (2,3%).

de jaren 2000

De toegevoegde waarde van de constructie in Zuid-Azië bedroeg in de jaren 2000 US$93,6 miljard per jaar, en was vergelijkbaar met Oost-Europa (US$94,8 miljard). Het aandeel in de wereld was 3,8%, en 13,0% in Azië.

Het aandeel van de constructie in de economie van Zuid-Azië was 7,7% in de jaren 2000, en was vergelijkbaar met Turkmenistan (7,7%), Benin (7,7%), Ierland (7,7%).

De toegevoegde waarde van de constructie per hoofd in Zuid-Azië was $59,5 in de jaren 2000s, en was vergelijkbaar met India (US$58,2), Nicaragua (US$58,1). De waarde van de constructie per hoofd in Zuid-Azië was in 6,4 keer lager dan de constructie per hoofd van de bevolking in de wereld ($381,3), en was in 3,1 keer lager dan de constructie per hoofd van de bevolking in Azië ($381,3).

De groei van de constructie in Zuid-Azië bedroeg 8.5% in de jaren 2000, en was vergelijkbaar met Burkina Faso (8,5%), de Maldiven (8,6%). De groei van de constructie in Zuid-Azië (8,5%) was groter dan de groei van de constructie in de wereld (1,5%), was groter dan de groei van de constructie in Azië (4,4%).

Vergelijking met subregio's. De toegevoegde waarde van de constructie in Zuid-Azië was groter dan in Zuidwest-Azië (US$84,0 miljard), in Zuidoost-Azië (US$48,9 miljard) en in Centraal-Azië (US$7,3 miljard); maar minder dan in Oost-Azië (US$485,4 miljard). De sector van de constructie per hoofd in Zuid-Azië was in Zuid-Azië minder dan in Zuidwest-Azië (US$411,8), in Oost-Azië (US$311,3), in Centraal-Azië (US$124,5) en in Zuidoost-Azië (US$87,7). De groei van de constructie in Zuid-Azië was groter dan in Zuidwest-Azië (7,1%), in Zuidoost-Azië (5,7%) en in Oost-Azië (3,0%); maar minder dan in Centraal-Azië (12,4%).

Leiders. De sector van de constructie in Zuid-Azië in de jaren 2000 bestond uit: India (70,7%), Iran (19,1%), Bangladesh (4,7%),

Pakistan (2,7%), Sri Lanka (1,5%), en andere (1,2%). Het aandeel van de constructie in economie van de leiders: India (8,7%), Iran (7,3%), Bangladesh (7,2%), Sri Lanka (5,5%) en Pakistan (2,4%). De waarde van de constructie per hoofd in Zuid-Azië onder de leiders: Iran ($258,0), Sri Lanka ($73,0), India ($58,2), Bangladesh ($32,3) en Pakistan ($16,1). De groei van de constructie onder de leiders: India (9,3%), Bangladesh (7,8%), Iran (7,2%), Sri Lanka (5,9%) en Pakistan (4,3%).

de jaren 2010

De toegevoegde waarde van de constructie in Zuid-Azië bedroeg in de jaren 2010 US$228,4 miljard per jaar, en was vergelijkbaar met Zuid-Amerika (US$226,9 miljard). Het aandeel in de wereld was 5,4%, en 13,2% in Azië.

Het aandeel van de constructie in de economie van Zuid-Azië was 7,5% in de jaren 2010, en was vergelijkbaar met Bangladesh (7,5%), Rwanda (7,5%), Suriname (7,4%).

De bouw per hoofd in Zuid-Azië was $125,7 in de jaren 2010s, en was vergelijkbaar met Cambodja (US$124,5), Centraal-Afrika (US$127,3), Swaziland (US$123,5). De toegevoegde waarde van de constructie per hoofd in Zuid-Azië was in 4,6 keer lager dan de constructie per hoofd van de bevolking in de wereld ($572,1), en was in 3,1 keer lager dan de constructie per hoofd van de bevolking in Azië ($572,1).

De groei van de constructie in Zuid-Azië bedroeg 4.1% in de jaren 2010, en was vergelijkbaar met El Salvador (4,1%). De groei van de constructie in Zuid-Azië (4,1%) was groter dan de groei van de constructie in de wereld (2,9%), was minder dan de groei van de constructie in Azië (5,6%).

Vergelijking met subregio's. De toegevoegde waarde van de constructie in Zuid-Azië was 11,4% groter dan in Zuidwest-Azië (US$204,9 miljard), 35,8% groter dan in Zuidoost-Azië (US$168,2 miljard) en 11,6 keer groter dan in Centraal-Azië (US$19,6 miljard); maar 4,9 keer minder dan in Oost-Azië (US$1,1 biljoen). De sector van de constructie per hoofd in Zuid-Azië was in Zuid-Azië6,4 keer minder dan in Zuidwest-Azië (US$805,6), 5,4 keer minder dan in Oost-Azië (US$677,5), 2,3 keer minder dan in Centraal-Azië (US$288,8) en 2,1 keer minder dan in Zuidoost-Azië (US$266,9). De groei van de constructie in Zuid-Azië was minder dan in Centraal-Azië (6,9%), in Zuidoost-Azië (6,7%), in Oost-Azië (5,9%) en in Zuidwest-Azië (4,6%).

Leiders. De toegevoegde waarde van de constructie in Zuid-Azië in de jaren 2010 bestond uit: India (73,6%), Iran (14,6%), Bangladesh (6,0%), Sri Lanka (2,4%), Pakistan (2,2%), en andere (1,2%). Het aandeel van de constructie in economie van de leiders: India (8,3%), Sri Lanka (7,9%), Bangladesh (7,5%), Iran (6,6%) en Pakistan (2,1%). De waarde van de constructie per hoofd in Zuid-Azië onder de leiders: Iran ($427,3), Sri Lanka ($268,0), India ($129,1), Bangladesh ($88,3) en Pakistan ($25,0). De groei van de constructie onder de leiders: Bangladesh (8,5%), Sri Lanka (8,3%), India (5,2%), Pakistan (3,8%) en Iran (-5,3%).

Hoofdstuk VII. Vervoer

Transport, opslag en communicatie (ISIC I)

De toegevoegde waarde van het transport in Zuid-Azië steeg van US$8,4 miljard per jaar in de jaren 1970 tot US$241,8 miljard per jaar in de jaren 2010, dat wil zeggen met US$233,4 miljard of 28,7 keer. De verandering vond plaats op US$147,4 miljard als gevolg van een 2,6-voudige stijging van de prijzen, en ook op US$75,9 miljard als gevolg van een 5,1-voudige toename van de productiviteit , evenals op US$10,1 miljard als gevolg van de toename van de bevolking. De gemiddelde jaarlijkse groei van het transport is 6,4%. De minimumwaarde van het transport bedroeg US$4,4 miljard in 1970. De maximumwaarde van het transport bedroeg US$296,5 miljard in 2019.

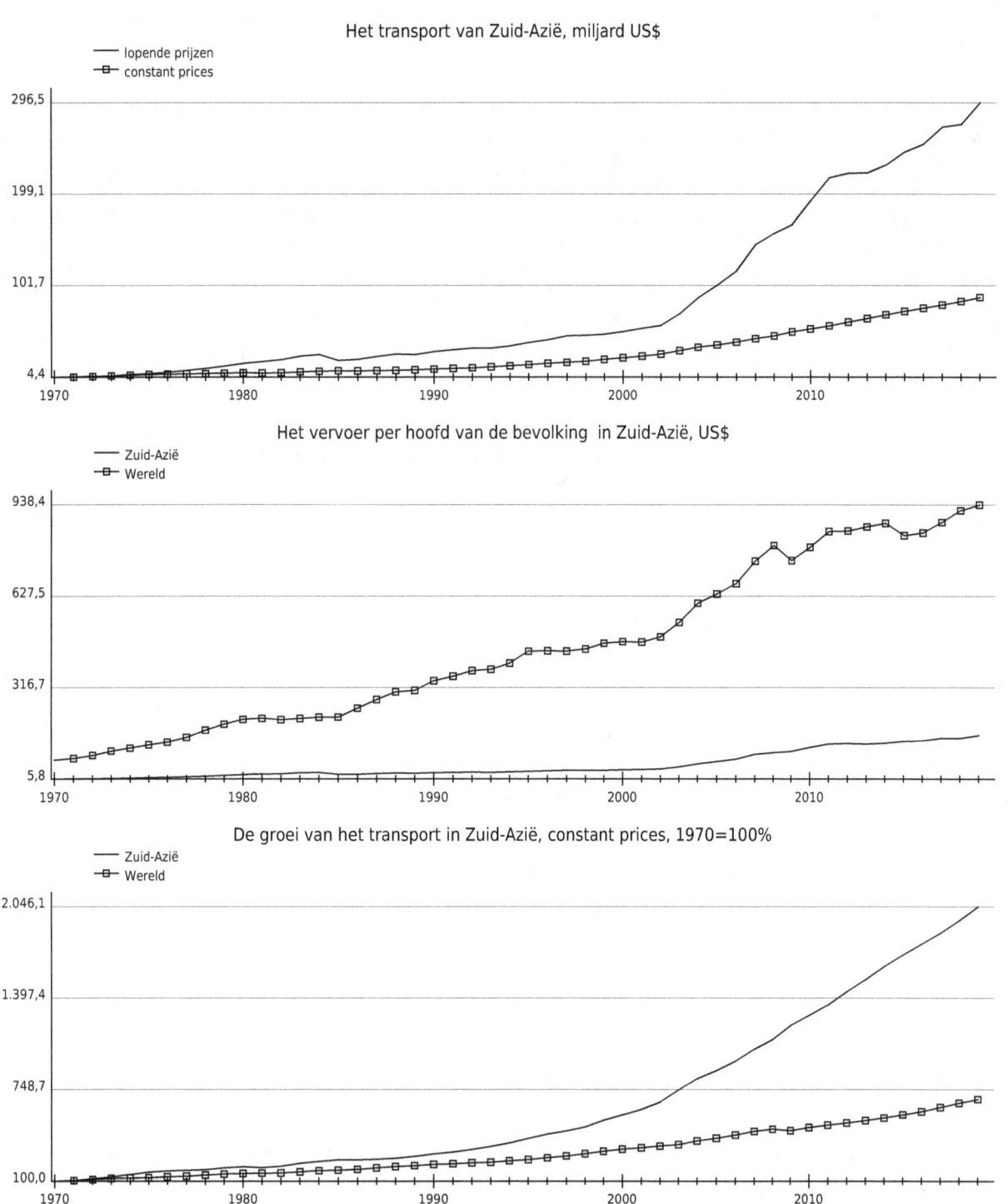

Het transport van Zuid-Azië, miljard US$

Het vervoer per hoofd van de bevolking in Zuid-Azië, US$

De groei van het transport in Zuid-Azië, constant prices, 1970=100%

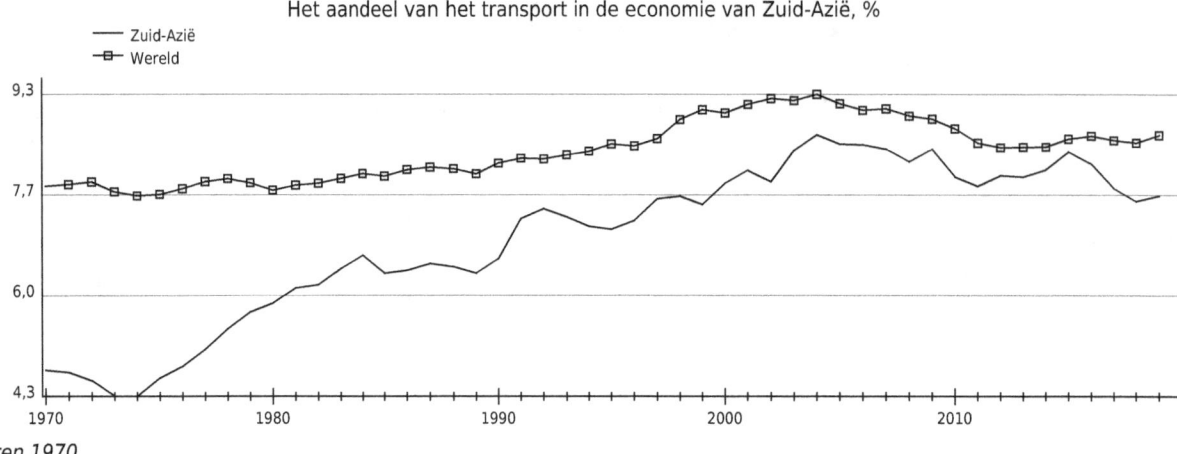

Het aandeel van het transport in de economie van Zuid-Azië, %

de jaren 1970

De sector van het transport in Zuid-Azië bedroeg in de jaren 1970 US$8,4 miljard per jaar, en was vergelijkbaar met Australazië (US$8,6 miljard). Het aandeel in de wereld was 1,7%, en 10,6% in Azië.

Het aandeel van het transport in de economie van Zuid-Azië was 5,0% in de jaren 1970, en was vergelijkbaar met Tonga (5,0%).

De sector van het transport per hoofd in Zuid-Azië was $10,2 in de jaren 1970s, en was vergelijkbaar met Bangladesh (US$10,1). De waarde van het transport per hoofd in Zuid-Azië was in 12,0 keer lager dan het transport per hoofd van de bevolking in de wereld ($122,3), en was in 3,4 keer lager dan het transport per hoofd van de bevolking in Azië ($122,3).

De groei van het transport in Zuid-Azië bedroeg 7.6% in de jaren 1970, en was vergelijkbaar met Tunesië (7,6%), Nigeria (7,6%). De groei van het transport in Zuid-Azië (7,6%) was groter dan de groei van het transport in de wereld (4,6%), was groter dan de groei van het transport in Azië (4,1%).

Vergelijking met subregio's. De waarde van het transport in Zuid-Azië was groter dan in Zuidoost-Azië (US$4,6 miljard); maar minder dan in Oost-Azië (US$57,5 miljard) en in Zuidwest-Azië (US$9,2 miljard). De toegevoegde waarde van het transport per hoofd in Zuid-Azië was in Zuid-Azië minder dan in Zuidwest-Azië (US$109,1), in Oost-Azië (US$52,5) en in Zuidoost-Azië (US$14,5). De groei van het transport in Zuid-Azië was groter dan in Oost-Azië (2,6%); maar minder dan in Zuidwest-Azië (9,8%) en in Zuidoost-Azië (9,2%).

Leiders. De sector van het transport in Zuid-Azië in de jaren 1970 bestond uit: India (41,7%), Iran (31,3%), Pakistan (13,0%), Bangladesh (8,4%), Sri Lanka (3,5%), en andere (2,2%). Het aandeel van het transport in economie van de leiders: Sri Lanka (10,3%), Bangladesh (8,5%), Pakistan (7,5%), Iran (5,4%) en India (3,9%). De sector van het transport per hoofd in Zuid-Azië onder de leiders: Iran ($81,1), Sri Lanka ($21,4), Pakistan ($16,5), Bangladesh ($10,1) en India ($5,7). De groei van het transport onder de leiders: Iran (14,7%), India (6,1%), Pakistan (5,5%), Sri Lanka (4,6%) en Bangladesh (1,7%).

de jaren 1980

Het vervoer van Zuid-Azië bedroeg in de jaren 1980 US$24,5 miljard per jaar, en was vergelijkbaar met Zuidwest-Azië (US$25,1 miljard). Het aandeel in de wereld was 2,1%, en 9,9% in Azië.

Het aandeel van het transport in de economie van Zuid-Azië was 6,4% in de jaren 1980, en was vergelijkbaar met Guyana (6,4%), Gabon (6,4%).

De sector van het transport per hoofd in Zuid-Azië was $23,3 in de jaren 1980s, en was vergelijkbaar met Benin (US$23,6), Gambia (US$22,8). De sector van het transport per hoofd in Zuid-Azië was in 10,4 keer lager dan het transport per hoofd van de bevolking in de wereld ($242,0), en was in 3,7 keer lager dan het transport per hoofd van de bevolking in Azië ($242,0).

De groei van het transport in Zuid-Azië bedroeg 3.6% in de jaren 1980, en was vergelijkbaar met Palau (3,5%), Noord-Amerika (3,6%). De groei van het transport in Zuid-Azië (3,6%) was groter dan de groei van het transport in de wereld (3,4%), was minder dan de groei van het transport in Azië (5,2%).

Vergelijking met subregio's. Het transport van Zuid-Azië was groter dan in Zuidoost-Azië (US$16,4 miljard); maar minder dan in Oost-Azië (US$180,5 miljard) en in Zuidwest-Azië (US$25,1 miljard). De sector van het transport per hoofd in Zuid-Azië was in

Zuid-Azië minder dan in Zuidwest-Azië (US$220,4), in Oost-Azië (US$141,3) en in Zuidoost-Azië (US$41,3). De groei van het transport in Zuid-Azië was groter dan in Zuidwest-Azië (2,9%); maar minder dan in Zuidoost-Azië (7,3%) en in Oost-Azië (5,7%).

Leiders. De sector van het transport in Zuid-Azië in de jaren 1980 bestond uit: India (43,4%), Iran (31,4%), Pakistan (14,2%), Bangladesh (7,4%), Sri Lanka (2,4%), en andere (1,3%). Het aandeel van het transport in economie van de leiders: Sri Lanka (12,3%), Bangladesh (9,5%), Pakistan (9,4%), Iran (7,3%) en India (5,0%). De waarde van het transport per hoofd in Zuid-Azië onder de leiders: Iran ($165,3), Pakistan ($38,1), Sri Lanka ($36,0), Bangladesh ($20,1) en India ($13,7). De groei van het transport onder de leiders: India (7,1%), Pakistan (6,2%), Sri Lanka (4,8%), Bangladesh (4,5%) en Iran (-2,9%).

de jaren 1990

De waarde van het transport in Zuid-Azië bedroeg in de jaren 1990 US$40,3 miljard per jaar, en was vergelijkbaar met China (US$40,5 miljard). Het aandeel in de wereld was 1,7%, en 6,6% in Azië.

Het aandeel van het transport in de economie van Zuid-Azië was 7,3% in de jaren 1990, en was vergelijkbaar met Duitsland (7,3%), Portugal (7,3%), Mongolië (7,3%).

De sector van het transport per hoofd in Zuid-Azië was $30,8 in de jaren 1990s, en was vergelijkbaar met Oost-Timor (US$30,8), Kenia (US$30,9). De waarde van het transport per hoofd in Zuid-Azië was in 13,3 keer lager dan het transport per hoofd van de bevolking in de wereld ($409,5), en was in 5,8 keer lager dan het transport per hoofd van de bevolking in Azië ($409,5).

De groei van het transport in Zuid-Azië bedroeg 6.8% in de jaren 1990, en was vergelijkbaar met Zuidoost-Azië (6,8%), Grenada (6,9%). De groei van het transport in Zuid-Azië (6,8%) was groter dan de groei van het transport in de wereld (4,0%), was groter dan de groei van het transport in Azië (5,4%).

Vergelijking met subregio's. De waarde van het transport in Zuid-Azië was groter dan in Centraal-Azië (US$3,6 miljard); maar minder dan in Oost-Azië (US$477,5 miljard), in Zuidwest-Azië (US$50,3 miljard) en in Zuidoost-Azië (US$42,2 miljard). De sector van het transport per hoofd in Zuid-Azië was in Zuid-Azië minder dan in Oost-Azië (US$327,9), in Zuidwest-Azië (US$305,9), in Zuidoost-Azië (US$87,8) en in Centraal-Azië (US$68,7). De groei van het transport in Zuid-Azië was groter dan in Zuidwest-Azië (5,5%), in Oost-Azië (4,9%) en in Centraal-Azië (-7,4%); maar minder dan in Zuidoost-Azië (6,8%).

Leiders. Het transport van Zuid-Azië in de jaren 1990 bestond uit: India (52,3%), Iran (18,9%), Pakistan (16,6%), Bangladesh (7,9%), Sri Lanka (3,0%), en andere (1,2%). Het aandeel van het transport in economie van de leiders: Sri Lanka (11,7%), Pakistan (10,5%), Bangladesh (9,1%), Iran (6,8%) en India (6,6%). De toegevoegde waarde van het transport per hoofd in Zuid-Azië onder de leiders: Iran ($125,2), Sri Lanka ($67,7), Pakistan ($54,7), Bangladesh ($27,8) en India ($22,1). De groei van het transport onder de leiders: Iran (8,2%), India (7,7%), Pakistan (5,4%), Sri Lanka (5,1%) en Bangladesh (4,6%).

de jaren 2000

Het vervoer van Zuid-Azië bedroeg in de jaren 2000 US$101,5 miljard per jaar. Het aandeel in de wereld was 2,5%, en 9,7% in Azië.

Het aandeel van het transport in de economie van Zuid-Azië was 8,3% in de jaren 2000, en was vergelijkbaar met Algerije (8,3%), Tuvalu (8,4%), de Verenigde Arabische Emiraten (8,4%).

De waarde van het transport per hoofd in Zuid-Azië was $64,5 in de jaren 2000s, en was vergelijkbaar met de Comoren (US$65,4). Het transport per hoofd in Zuid-Azië was in 9,6 keer lager dan het transport per hoofd van de bevolking in de wereld ($621,1), en was in 4,1 keer lager dan het transport per hoofd van de bevolking in Azië ($621,1).

De groei van het transport in Zuid-Azië bedroeg 8.5% in de jaren 2000, en was vergelijkbaar met Sao Tomé en Principe (8,5%), Venezuela (8,5%), Congo (8,6%). De groei van het transport in Zuid-Azië (8,5%) was groter dan de groei van het transport in de wereld (3,9%), was groter dan de groei van het transport in Azië (5,4%).

Vergelijking met subregio's. Het transport van Zuid-Azië was groter dan in Zuidoost-Azië (US$79,9 miljard) en in Centraal-Azië (US$10,3 miljard); maar minder dan in Oost-Azië (US$726,0 miljard) en in Zuidwest-Azië (US$128,9 miljard). Het transport per hoofd in Zuid-Azië was in Zuid-Azië minder dan in Zuidwest-Azië (US$631,6), in Oost-Azië (US$465,6), in Centraal-Azië (US$177,6) en in Zuidoost-Azië (US$143,4). De groei van het transport in Zuid-Azië was groter dan in Zuidoost-Azië (7,9%), in Zuidwest-Azië (6,7%) en in Oost-Azië (4,3%); maar minder dan in Centraal-Azië (9,8%).

Leiders. Het transport van Zuid-Azië in de jaren 2000 bestond uit: India (54,7%), Iran (20,9%), Pakistan (13,8%), Bangladesh (6,1%), Sri

Lanka (2,9%), en andere (1,6%). Het aandeel van het transport in economie van de leiders: Pakistan (13,0%), Sri Lanka (11,5%), Bangladesh (10,0%), Iran (8,7%) en India (7,3%). De sector van het transport per hoofd in Zuid-Azië onder de leiders: Iran ($306,2), Sri Lanka ($151,3), Pakistan ($88,3), India ($48,8) en Bangladesh ($45,2). De groei van het transport onder de leiders: India (10,4%), Iran (8,8%), Sri Lanka (7,8%), Bangladesh (7,5%) en Pakistan (4,3%).

de jaren 2010

De toegevoegde waarde van het transport in Zuid-Azië bedroeg in de jaren 2010 US$241,8 miljard per jaar. Het aandeel in de wereld was 3,8%, en 12,8% in Azië.

Het aandeel van het transport in de economie van Zuid-Azië was 7,9% in de jaren 2010, en was vergelijkbaar met Brazilië (7,9%), Nieuw-Zeeland (7,8%).

De toegevoegde waarde van het transport per hoofd in Zuid-Azië was $133,1 in de jaren 2010s, en was vergelijkbaar met Jemen (US$133,0). Het vervoer per hoofd in Zuid-Azië was in 6,5 keer lager dan het transport per hoofd van de bevolking in de wereld ($864,8), en was in 3,2 keer lager dan het transport per hoofd van de bevolking in Azië ($864,8).

De groei van het transport in Zuid-Azië bedroeg 5.5% in de jaren 2010, en was vergelijkbaar met Wit-Rusland (5,4%), de Salomonseilanden (5,4%), Turkije (5,5%). De groei van het transport in Zuid-Azië (5,5%) was groter dan de groei van het transport in de wereld (4,0%), was groter dan de groei van het transport in Azië (4,7%).

Vergelijking met subregio's. De sector van het transport in Zuid-Azië was 17,2% groter dan in Zuidoost-Azië (US$206,3 miljard) en 8,5 keer groter dan in Centraal-Azië (US$28,3 miljard); maar 4,8 keer minder dan in Oost-Azië (US$1,2 biljoen) en 5,3% minder dan in Zuidwest-Azië (US$255,5 miljard). Het transport per hoofd in Zuid-Azië was in Zuid-Azië7,5 keer minder dan in Zuidwest-Azië (US$1.004,2), 5,3 keer minder dan in Oost-Azië (US$710,0), 3,1 keer minder dan in Centraal-Azië (US$416,7) en 2,5 keer minder dan in Zuidoost-Azië (US$327,5). De groei van het transport in Zuid-Azië was groter dan in Zuidwest-Azië (4,8%) en in Oost-Azië (4,1%); maar minder dan in Zuidoost-Azië (6,9%) en in Centraal-Azië (6,7%).

Leiders. De waarde van het transport in Zuid-Azië in de jaren 2010 bestond uit: India (54,6%), Iran (20,6%), Pakistan (11,5%), Bangladesh (7,8%), Sri Lanka (3,9%), en andere (1,7%). Het aandeel van het transport in economie van de leiders: Sri Lanka (13,4%), Pakistan (11,9%), Bangladesh (10,3%), Iran (9,9%) en India (6,5%). De sector van het transport per hoofd in Zuid-Azië onder de leiders: Iran ($637,7), Sri Lanka ($453,5), Pakistan ($140,1), Bangladesh ($121,8) en India ($101,4). De groei van het transport onder de leiders: Bangladesh (7,0%), India (6,6%), Sri Lanka (6,1%), Pakistan (4,0%) en Iran (2,8%).

Hoofdstuk VIII. Handel

Groothandel, detailhandel, restaurants en hotels (ISIC G-H)

De handel van Zuid-Azië steeg van US$14,5 miljard per jaar in de jaren 1970 tot US$384,7 miljard per jaar in de jaren 2010, dat wil zeggen met US$370,2 miljard of 26,5 keer. De verandering vond plaats op US$257,4 miljard als gevolg van een 3,0-voudige stijging van de prijzen, en ook op US$95,4 miljard als gevolg van een 4,0-voudige toename van de productiviteit , evenals op US$17,4 miljard als gevolg van de toename van de bevolking. De gemiddelde jaarlijkse groei van de handel is 5,8%. De minimumwaarde van de handel bedroeg US$7,9 miljard in 1970. De maximumwaarde van de handel bedroeg US$492,5 miljard in 2019.

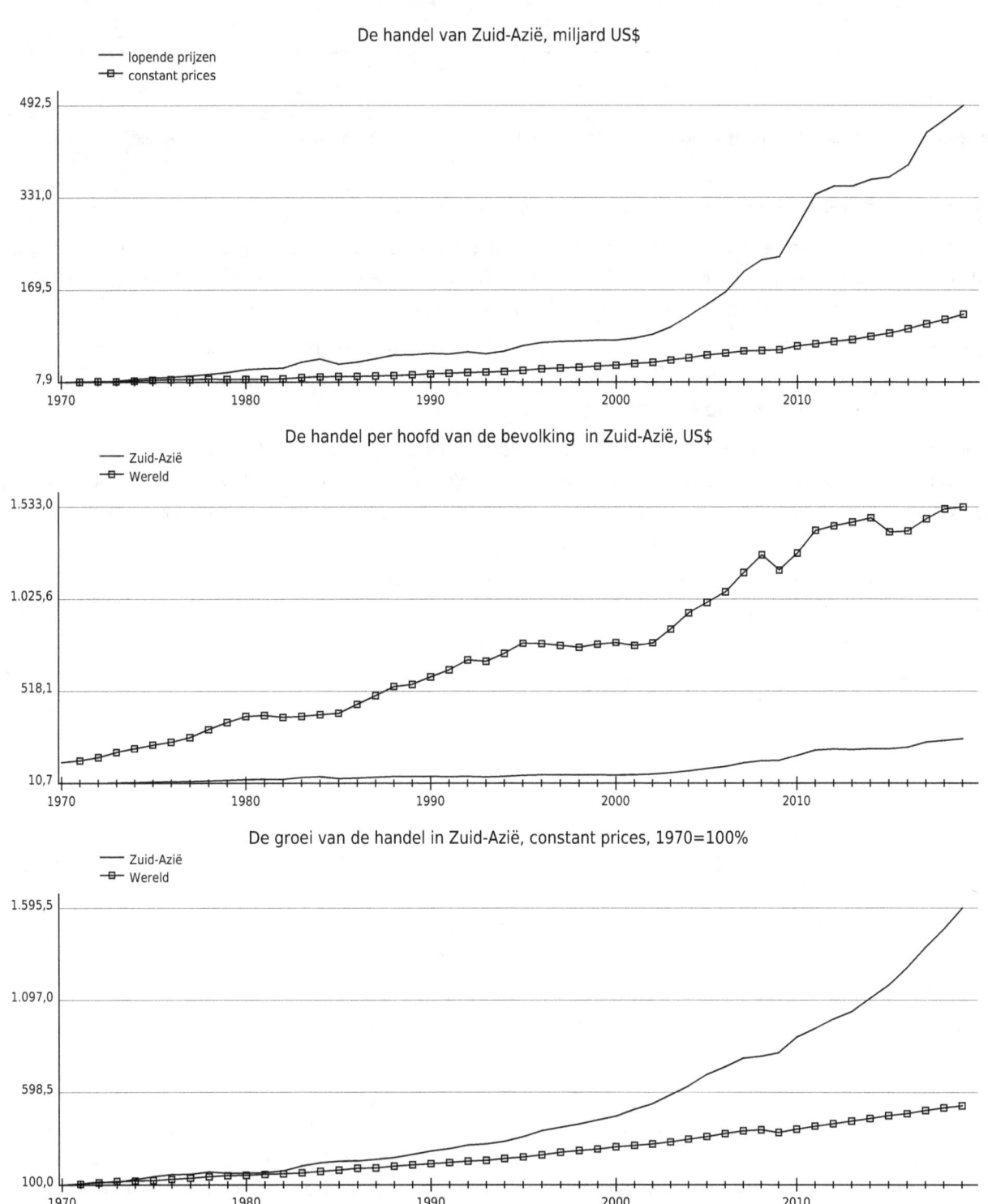

De handel van Zuid-Azië, miljard US$

De handel per hoofd van de bevolking in Zuid-Azië, US$

De groei van de handel in Zuid-Azië, constant prices, 1970=100%

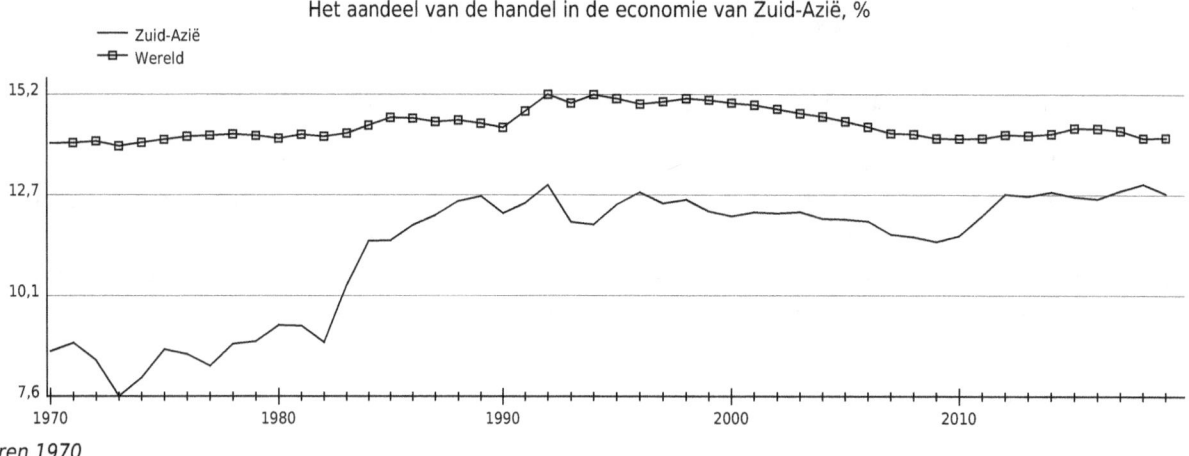

Het aandeel van de handel in de economie van Zuid-Azië, %

— Zuid-Azië
—□— Wereld

de jaren 1970

De waarde van de handel in Zuid-Azië bedroeg in de jaren 1970 US$14,5 miljard per jaar. Het aandeel in de wereld was 1,6%, en 9,3% in Azië.

Het aandeel van de handel in de economie van Zuid-Azië was 8,6% in de jaren 1970.

De toegevoegde waarde van de handel per hoofd in Zuid-Azië was $17,5 in de jaren 1970s, en was vergelijkbaar met Bangladesh (US$17,4). De sector van de handel per hoofd in Zuid-Azië was in 12,6 keer lager dan de handel per hoofd van de bevolking in de wereld ($221,0), en was in 3,8 keer lager dan de handel per hoofd van de bevolking in Azië ($221,0).

De groei van de handel in Zuid-Azië bedroeg 5.6% in de jaren 1970, en was vergelijkbaar met Fiji (5,6%), El Salvador (5,6%), Zuid-Amerika (5,6%). De groei van de handel in Zuid-Azië (5,6%) was groter dan de groei van de handel in de wereld (4,5%), was minder dan de groei van de handel in Azië (7,7%).

Vergelijking met subregio's. De waarde van de handel in Zuid-Azië was minder dan in Oost-Azië (US$109,7 miljard), in Zuidoost-Azië (US$16,2 miljard) en in Zuidwest-Azië (US$15,9 miljard). De waarde van de handel per hoofd in Zuid-Azië was in Zuid-Azië minder dan in Zuidwest-Azië (US$188,7), in Oost-Azië (US$100,1) en in Zuidoost-Azië (US$51,5). De groei van de handel in Zuid-Azië was minder dan in Zuidwest-Azië (8,8%), in Oost-Azië (8,1%) en in Zuidoost-Azië (6,5%).

Leiders. De toegevoegde waarde van de handel in Zuid-Azië in de jaren 1970 bestond uit: India (40,0%), Iran (26,7%), Pakistan (19,8%), Bangladesh (8,4%), Sri Lanka (2,4%), en andere (2,7%). Het aandeel van de handel in economie van de leiders: Pakistan (19,6%), Bangladesh (14,6%), Sri Lanka (12,2%), Iran (7,9%) en India (6,4%). De handel per hoofd in Zuid-Azië onder de leiders: Iran ($119,0), Pakistan ($43,3), Sri Lanka ($25,3), Bangladesh ($17,4) en India ($9,4). De groei van de handel onder de leiders: Iran (9,2%), Sri Lanka (5,8%), Pakistan (4,9%), India (4,1%) en Bangladesh (3,0%).

de jaren 1980

De handel van Zuid-Azië bedroeg in de jaren 1980 US$42,8 miljard per jaar, en was vergelijkbaar met Spanje (US$42,9 miljard). Het aandeel in de wereld was 2,0%, en 9,0% in Azië.

Het aandeel van de handel in de economie van Zuid-Azië was 11,1% in de jaren 1980, en was vergelijkbaar met Irak (11,1%), Tsjecho-Slowakije (11,1%), Kiribati (11,1%).

De sector van de handel per hoofd in Zuid-Azië was $40,8 in de jaren 1980s, en was vergelijkbaar met Togo (US$41,3), Jemen (US$41,5). De sector van de handel per hoofd in Zuid-Azië was in 10,7 keer lager dan de handel per hoofd van de bevolking in de wereld ($437,7), en was in 4,1 keer lager dan de handel per hoofd van de bevolking in Azië ($437,7).

De groei van de handel in Zuid-Azië bedroeg 4.9% in de jaren 1980, en was vergelijkbaar met Frans-Polynesië (4,9%), Noord-Afrika (4,9%), Nieuw-Caledonië (4,9%). De groei van de handel in Zuid-Azië (4,9%) was groter dan de groei van de handel in de wereld (3,3%), was minder dan de groei van de handel in Azië (5,8%).

Vergelijking met subregio's. De waarde van de handel in Zuid-Azië was minder dan in Oost-Azië (US$340,1 miljard), in Zuidoost-Azië (US$45,2 miljard) en in Zuidwest-Azië (US$45,1 miljard). De handel per hoofd in Zuid-Azië was in Zuid-Azië minder dan in Zuidwest-Azië (US$396,9), in Oost-Azië (US$266,2) en in Zuidoost-Azië (US$114,1). De groei van de handel in Zuid-Azië was groter dan in Zuidwest-Azië (3,3%); maar minder dan in Oost-Azië (6,3%) en in Zuidoost-Azië (5,8%).

Leiders. De toegevoegde waarde van de handel in Zuid-Azië in de jaren 1980 bestond uit: India (39,4%), Iran (34,1%), Pakistan (17,1%), Bangladesh (6,1%), Sri Lanka (1,4%), en andere (1,9%). Het aandeel van de handel in economie van de leiders: Pakistan (19,9%), Iran (13,8%), Bangladesh (13,8%), Sri Lanka (12,9%) en India (7,9%). De waarde van de handel per hoofd in Zuid-Azië onder de leiders: Iran ($313,3), Pakistan ($80,6), Sri Lanka ($37,9), Bangladesh ($29,1) en India ($21,7). De groei van de handel onder de leiders: Pakistan (7,5%), Sri Lanka (6,8%), India (6,1%), Bangladesh (3,6%) en Iran (1,9%).

de jaren 1990

De waarde van de handel in Zuid-Azië bedroeg in de jaren 1990 US$68,4 miljard per jaar. Het aandeel in de wereld was 1,7%, en 5,9% in Azië.

Het aandeel van de handel in de economie van Zuid-Azië was 12,4% in de jaren 1990, en was vergelijkbaar met Lesotho (12,4%), Kazachstan (12,4%), Zuid-Korea (12,4%).

De sector van de handel per hoofd in Zuid-Azië was $52,2 in de jaren 1990s, en was vergelijkbaar met de Centraal-Afrikaanse Republiek (US$52,2), Madagaskar (US$51,3). De waarde van de handel per hoofd in Zuid-Azië was in 13,8 keer lager dan de handel per hoofd van de bevolking in de wereld ($721,8), en was in 6,5 keer lager dan de handel per hoofd van de bevolking in Azië ($721,8).

De groei van de handel in Zuid-Azië bedroeg 5.5% in de jaren 1990, en was vergelijkbaar met Tunesië (5,4%), Uruguay (5,5%). De groei van de handel in Zuid-Azië (5,5%) was groter dan de groei van de handel in de wereld (3,5%), was groter dan de groei van de handel in Azië (4,9%).

Vergelijking met subregio's. De handel van Zuid-Azië was groter dan in Centraal-Azië (US$4,7 miljard); maar minder dan in Oost-Azië (US$907,4 miljard), in Zuidoost-Azië (US$105,8 miljard) en in Zuidwest-Azië (US$81,4 miljard). De toegevoegde waarde van de handel per hoofd in Zuid-Azië was in Zuid-Azië minder dan in Oost-Azië (US$623,2), in Zuidwest-Azië (US$494,6), in Zuidoost-Azië (US$219,8) en in Centraal-Azië (US$89,9). De groei van de handel in Zuid-Azië was groter dan in Zuidoost-Azië (5,1%), in Oost-Azië (4,8%), in Zuidwest-Azië (4,7%) en in Centraal-Azië (-3,5%).

Leiders. De handel van Zuid-Azië in de jaren 1990 bestond uit: India (40,9%), Iran (29,2%), Pakistan (19,0%), Bangladesh (6,7%), Sri Lanka (2,2%), en andere (1,9%). Het aandeel van de handel in economie van de leiders: Pakistan (20,4%), Iran (17,7%), Sri Lanka (14,6%), Bangladesh (13,3%) en India (8,7%). De waarde van de handel per hoofd in Zuid-Azië onder de leiders: Iran ($327,8), Pakistan ($106,0), Sri Lanka ($84,5), Bangladesh ($40,4) en India ($29,3). De groei van de handel onder de leiders: India (7,6%), Sri Lanka (5,8%), Bangladesh (5,0%), Iran (3,7%) en Pakistan (3,5%).

de jaren 2000

De handel van Zuid-Azië bedroeg in de jaren 2000 US$144,6 miljard per jaar, en was vergelijkbaar met Rusland (US$143,6 miljard). Het aandeel in de wereld was 2,2%, en 8,3% in Azië.

Het aandeel van de handel in de economie van Zuid-Azië was 11,9% in de jaren 2000, en was vergelijkbaar met Duitsland (11,8%), Tonga (11,8%), Zuidwest-Azië (11,8%).

De handel per hoofd in Zuid-Azië was $91,8 in de jaren 2000s, en was vergelijkbaar met Haïti (US$91,1), Laos (US$90,8), Guinee-Bissau (US$90,7). De toegevoegde waarde van de handel per hoofd in Zuid-Azië was in 10,8 keer lager dan de handel per hoofd van de bevolking in de wereld ($990,3), en was in 4,8 keer lager dan de handel per hoofd van de bevolking in Azië ($990,3).

De groei van de handel in Zuid-Azië bedroeg 6.1% in de jaren 2000, en was vergelijkbaar met Namibië (6,1%), Hongkong (6,1%), Sao Tomé en Principe (6,2%). De groei van de handel in Zuid-Azië (6,1%) was groter dan de groei van de handel in de wereld (2,7%), was groter dan de groei van de handel in Azië (4,5%).

Vergelijking met subregio's. De toegevoegde waarde van de handel in Zuid-Azië was groter dan in Centraal-Azië (US$11,3 miljard); maar minder dan in Oost-Azië (US$1,2 biljoen), in Zuidoost-Azië (US$175,2 miljard) en in Zuidwest-Azië (US$167,0 miljard). De toegevoegde waarde van de handel per hoofd in Zuid-Azië was in Zuid-Azië minder dan in Zuidwest-Azië (US$818,4), in Oost-Azië (US$792,8), in Zuidoost-Azië (US$314,3) en in Centraal-Azië (US$194,5). De groei van de handel in Zuid-Azië was groter dan in Zuidwest-Azië (5,8%), in Zuidoost-Azië (5,5%) en in Oost-Azië (3,8%); maar minder dan in Centraal-Azië (8,5%).

Leiders. De toegevoegde waarde van de handel in Zuid-Azië in de jaren 2000 bestond uit: India (54,1%), Iran (20,4%), Pakistan (14,8%),

Bangladesh (6,2%), Sri Lanka (2,8%), en andere (1,6%). Het aandeel van de handel in economie van de leiders: Pakistan (19,9%), Sri Lanka (15,7%), Bangladesh (14,6%), Iran (12,1%) en India (10,3%). De waarde van de handel per hoofd in Zuid-Azië onder de leiders: Iran ($426,3), Sri Lanka ($206,6), Pakistan ($135,1), India ($68,7) en Bangladesh ($65,6). De groei van de handel onder de leiders: India (7,0%), Bangladesh (6,8%), Iran (6,2%), Sri Lanka (4,8%) en Pakistan (4,1%).

de jaren 2010

De waarde van de handel in Zuid-Azië bedroeg in de jaren 2010 US$384,7 miljard per jaar. Het aandeel in de wereld was 3,7%, en 10,6% in Azië.

Het aandeel van de handel in de economie van Zuid-Azië was 12,6% in de jaren 2010, en was vergelijkbaar met Luxemburg (12,6%), Papoea-Nieuw-Guinea (12,6%), Canada (12,5%).

De waarde van de handel per hoofd in Zuid-Azië was $211,8 in de jaren 2010s, en was vergelijkbaar met Mauritanië (US$216,0). De handel per hoofd in Zuid-Azië was in 6,8 keer lager dan de handel per hoofd van de bevolking in de wereld ($1.436,8), en was in 3,9 keer lager dan de handel per hoofd van de bevolking in Azië ($1.436,8).

De groei van de handel in Zuid-Azië bedroeg 7% in de jaren 2010, en was vergelijkbaar met Maleisië (7,0%). De groei van de handel in Zuid-Azië (7,0%) was groter dan de groei van de handel in de wereld (3,3%), was groter dan de groei van de handel in Azië (5,6%).

Vergelijking met subregio's. De waarde van de handel in Zuid-Azië was 7,8% groter dan in Zuidwest-Azië (US$356,9 miljard) en 9,8 keer groter dan in Centraal-Azië (US$39,4 miljard); maar 6,2 keer minder dan in Oost-Azië (US$2,4 biljoen) en 14,7% minder dan in Zuidoost-Azië (US$451,0 miljard). De waarde van de handel per hoofd in Zuid-Azië was in Zuid-Azië6,9 keer minder dan in Oost-Azië (US$1.455,8), 6,6 keer minder dan in Zuidwest-Azië (US$1.402,8), 3,4 keer minder dan in Zuidoost-Azië (US$715,8) en 2,7 keer minder dan in Centraal-Azië (US$579,9). De groei van de handel in Zuid-Azië was groter dan in Zuidoost-Azië (5,9%), in Oost-Azië (5,3%) en in Zuidwest-Azië (5,0%); maar minder dan in Centraal-Azië (7,9%).

Leiders. De sector van de handel in Zuid-Azië in de jaren 2010 bestond uit: India (60,4%), Iran (16,6%), Pakistan (11,9%), Bangladesh (6,8%), Sri Lanka (2,5%), en andere (1,7%). Het aandeel van de handel in economie van de leiders: Pakistan (19,7%), Bangladesh (14,4%), Sri Lanka (13,5%), Iran (12,7%) en India (11,5%). De sector van de handel per hoofd in Zuid-Azië onder de leiders: Iran ($819,3), Sri Lanka ($459,2), Pakistan ($232,1), India ($178,6) en Bangladesh ($169,3). De groei van de handel onder de leiders: India (9,7%), Bangladesh (6,8%), Sri Lanka (5,2%), Pakistan (3,8%) en Iran (0,90%).

Hoofdstuk IX. Diensten

(ISIC J-P)

De diensten van Zuid-Azië zijn gestegen van US$41,4 miljard per jaar in de jaren 1970 tot US$981,2 miljard per jaar in de jaren 2010, dat wil zeggen met US$939,8 miljard of 23,7 keer. De verandering vond plaats op US$678,5 miljard als gevolg van een 3,2-voudige stijging van de prijzen, en ook op US$211,7 miljard als gevolg van een 3,3-voudige toename van de productiviteit , evenals op US$49,6 miljard als gevolg van de toename van de bevolking. De gemiddelde jaarlijkse groei van de diensten is 5,6%. De minimumwaarde van de diensten bedroeg US$21,4 miljard in 1970. De maximumwaarde van de diensten bedroeg US$1,3 biljoen in 2019.

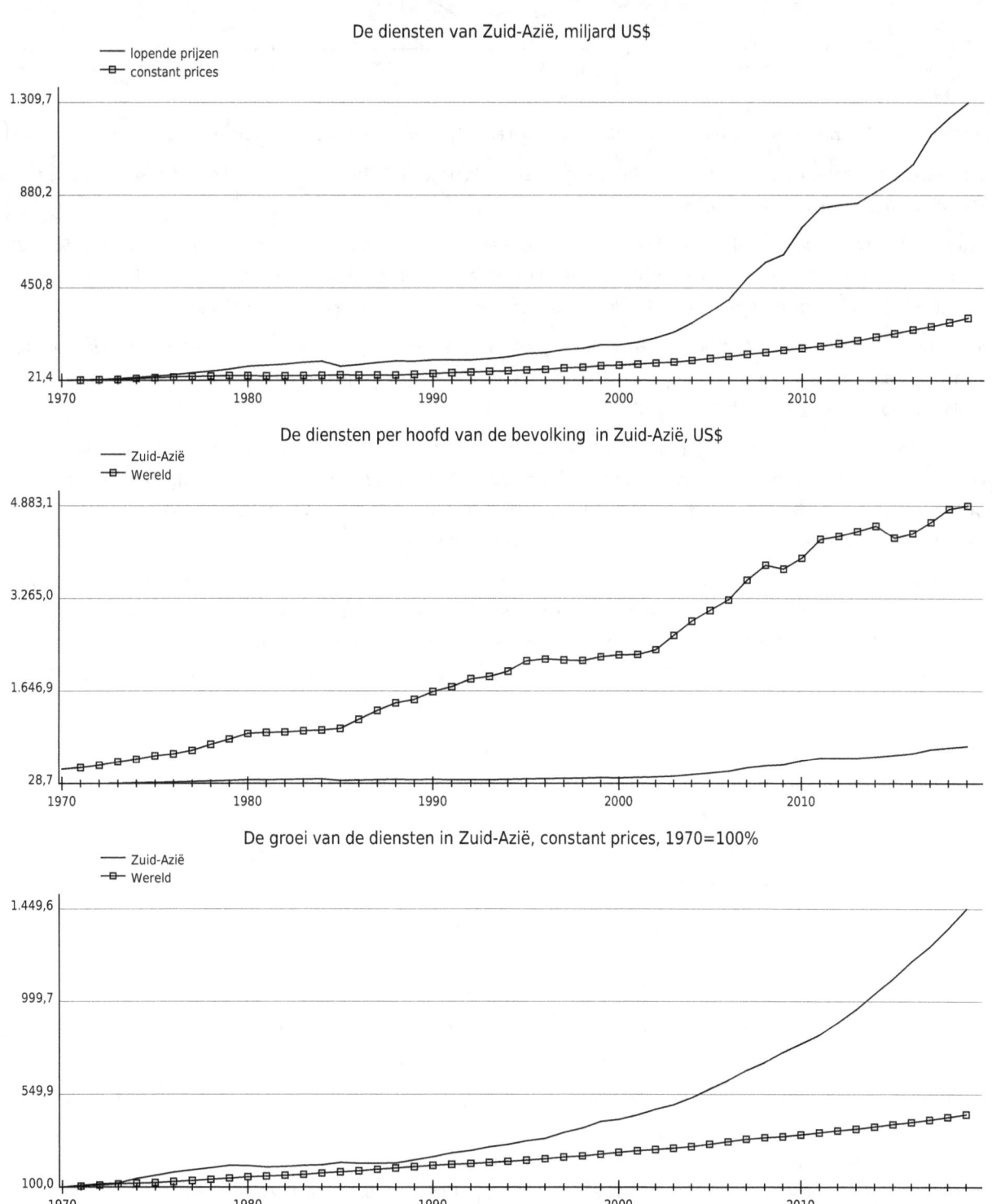

De diensten van Zuid-Azië, miljard US$

De diensten per hoofd van de bevolking in Zuid-Azië, US$

De groei van de diensten in Zuid-Azië, constant prices, 1970=100%

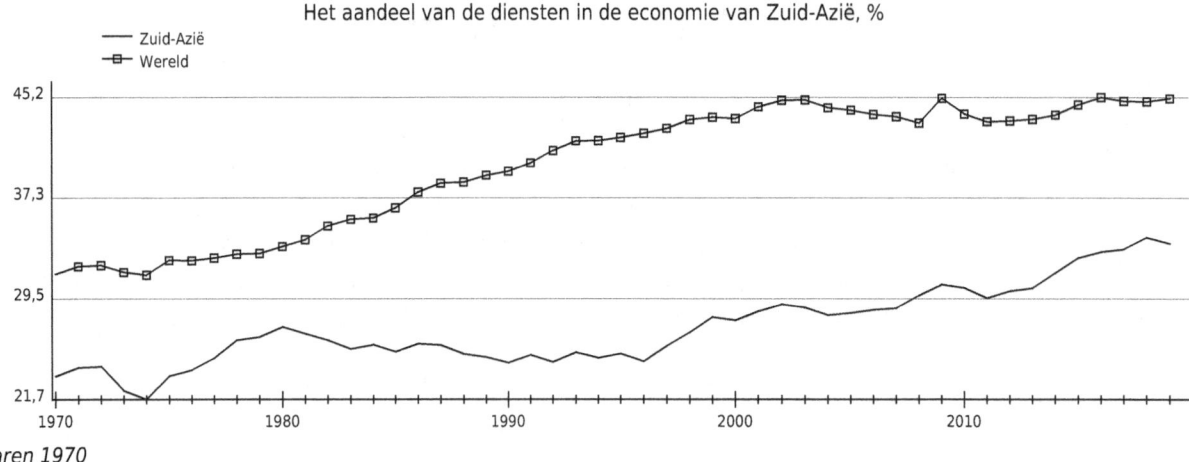

Het aandeel van de diensten in de economie van Zuid-Azië, %

de jaren 1970

De diensten van Zuid-Azië bedroegen in de jaren 1970 US$41,4 miljard per jaar. Het aandeel in de wereld was 2,0%, en 14,7% in Azië.

Het aandeel van de diensten in de economie van Zuid-Azië was 24,5% in de jaren 1970, en was vergelijkbaar met de Salomonseilanden (24,5%), Marokko (24,4%), Oost-Azië (24,6%).

De sector van de diensten per hoofd in Zuid-Azië was $50,1 in de jaren 1970s, en was vergelijkbaar met Zuidoost-Azië (US$50,8), Niger (US$48,9), Benin (US$51,3). De diensten per hoofd in Zuid-Azië waren in 10,1 keer lager dan de diensten per hoofd van de bevolking in de wereld ($506,9), en waren in 2,4 keer lager dan de diensten per hoofd van de bevolking in Azië ($506,9).

De groei van de diensten in Zuid-Azië bedroeg 8.3% in de jaren 1970, en was vergelijkbaar met Somalië (8,2%), Indonesië (8,3%), Venezuela (8,3%). De groei van de diensten in Zuid-Azië (8,3%) was groter dan de groei van de diensten in de wereld (4,1%), was groter dan de groei van de diensten in Azië (6,5%).

Vergelijking met subregio's. De sector van de diensten in Zuid-Azië was groter dan in Zuidwest-Azië (US$37,7 miljard) en in Zuidoost-Azië (US$16,0 miljard); maar minder dan in Oost-Azië (US$187,1 miljard). De diensten per hoofd in Zuid-Azië waren in Zuid-Azië minder dan in Zuidwest-Azië (US$446,5), in Oost-Azië (US$170,8) en in Zuidoost-Azië (US$50,8). De groei van de diensten in Zuid-Azië was groter dan in Zuidwest-Azië (7,2%), in Zuidoost-Azië (6,8%) en in Oost-Azië (6,1%).

Leiders. De sector van de diensten in Zuid-Azië in de jaren 1970 bestond uit: India (54,3%), Iran (33,3%), Pakistan (6,8%), Bangladesh (3,4%), Sri Lanka (1,3%). Het aandeel van de diensten in economie van de leiders: Iran (28,1%), India (24,8%), Pakistan (19,2%), Sri Lanka (18,4%) en Bangladesh (16,9%). De diensten per hoofd in Zuid-Azië onder de leiders: Iran ($423,4), Pakistan ($42,5), Sri Lanka ($38,2), India ($36,4) en Bangladesh ($20,2). De groei van de diensten onder de leiders: Iran (13,7%), Pakistan (6,7%), India (4,3%), Sri Lanka (3,8%) en Bangladesh (1,6%).

de jaren 1980

De waarde van de diensten in Zuid-Azië bedroeg in de jaren 1980 US$99,5 miljard per jaar, en was vergelijkbaar met Oceanië (US$97,5 miljard). Het aandeel in de wereld was 1,8%, en 10,0% in Azië.

Het aandeel van de diensten in de economie van Zuid-Azië was 25,9% in de jaren 1980, en was vergelijkbaar met de Centraal-Afrikaanse Republiek (25,9%), Mauritanië (25,9%), Vietnam (25,8%).

De diensten per hoofd in Zuid-Azië waren $94,8 in de jaren 1980s, en waren vergelijkbaar met Zambia (US$95,4), Egypte (US$94,0), Mongolië (US$95,8). De waarde van de diensten per hoofd in Zuid-Azië was in 11,8 keer lager dan de diensten per hoofd van de bevolking in de wereld ($1.115,5), en was in 3,7 keer lager dan de diensten per hoofd van de bevolking in Azië ($1.115,5).

De groei van de diensten in Zuid-Azië bedroeg 1.2% in de jaren 1980. De groei van de diensten in Zuid-Azië (1,2%) was minder dan de groei van de diensten in de wereld (3,3%), was minder dan de groei van de diensten in Azië (5,3%).

Vergelijking met subregio's. De toegevoegde waarde van de diensten in Zuid-Azië was groter dan in Zuidoost-Azië (US$50,9 miljard); maar minder dan in Oost-Azië (US$737,5 miljard) en in Zuidwest-Azië (US$109,3 miljard). De sector van de diensten per hoofd in Zuid-Azië was in Zuid-Azië minder dan in Zuidwest-Azië (US$961,8), in Oost-Azië (US$577,2) en in Zuidoost-Azië (US$128,3). De groei van de diensten in Zuid-Azië was minder dan in Zuidoost-Azië (6,5%), in Oost-Azië (6,3%) en in Zuidwest-Azië (3,1%).

Leiders. De waarde van de diensten in Zuid-Azië in de jaren 1980 bestond uit: India (51,8%), Iran (34,2%), Pakistan (8,2%), Bangladesh (4,0%), Sri Lanka (0,99%). Het aandeel van de diensten in economie van de leiders: Iran (32,3%), India (24,3%), Pakistan (22,3%), Bangladesh (20,9%) en Sri Lanka (20,9%). De diensten per hoofd in Zuid-Azië onder de leiders: Iran ($731,5), Pakistan ($90,2), India ($66,3), Sri Lanka ($61,3) en Bangladesh ($44,2). De groei van de diensten onder de leiders: India (6,7%), Pakistan (6,4%), Bangladesh (5,7%), Sri Lanka (3,9%) en Iran (-5,8%).

de jaren 1990

De sector van de diensten in Zuid-Azië bedroeg in de jaren 1990 US$141,2 miljard per jaar, en was vergelijkbaar met Zuidoost-Azië (US$139,8 miljard), Zuid-Korea (US$139,6 miljard), Mexico (US$138,9 miljard). Het aandeel in de wereld was 1,2%, en 5,6% in Azië.

Het aandeel van de diensten in de economie van Zuid-Azië was 25,6% in de jaren 1990, en was vergelijkbaar met de Filipijnen (25,5%), Sierra Leone (25,9%).

De waarde van de diensten per hoofd in Zuid-Azië was $107,8 in de jaren 1990s, en was vergelijkbaar met West-Afrika (US$109,2), Jemen (US$109,9), Equatoriaal-Guinea (US$110,4). De diensten per hoofd in Zuid-Azië waren in 18,7 keer lager dan de diensten per hoofd van de bevolking in de wereld ($2.014,6), en waren in 6,8 keer lager dan de diensten per hoofd van de bevolking in Azië ($2.014,6).

De groei van de diensten in Zuid-Azië bedroeg 6.1% in de jaren 1990, en was vergelijkbaar met Singapore (6,0%), Cambodja (6,0%), de Verenigde Arabische Emiraten (6,1%). De groei van de diensten in Zuid-Azië (6,1%) was groter dan de groei van de diensten in de wereld (2,7%), was groter dan de groei van de diensten in Azië (4,5%).

Vergelijking met subregio's. De toegevoegde waarde van de diensten in Zuid-Azië was groter dan in Zuidoost-Azië (US$139,8 miljard) en in Centraal-Azië (US$11,0 miljard); maar minder dan in Oost-Azië (US$2,1 biljoen) en in Zuidwest-Azië (US$191,4 miljard). De toegevoegde waarde van de diensten per hoofd in Zuid-Azië was in Zuid-Azië minder dan in Oost-Azië (US$1.411,7), in Zuidwest-Azië (US$1.163,8), in Zuidoost-Azië (US$290,4) en in Centraal-Azië (US$208,7). De groei van de diensten in Zuid-Azië was groter dan in Zuidoost-Azië (5,0%), in Oost-Azië (4,3%), in Zuidwest-Azië (3,8%) en in Centraal-Azië (-4,1%).

Leiders. De toegevoegde waarde van de diensten in Zuid-Azië in de jaren 1990 bestond uit: India (59,0%), Iran (21,7%), Pakistan (10,1%), Bangladesh (6,5%), Sri Lanka (1,8%). Het aandeel van de diensten in economie van de leiders: Iran (27,3%), Bangladesh (26,4%), India (25,9%), Sri Lanka (24,2%) en Pakistan (22,3%). De sector van de diensten per hoofd in Zuid-Azië onder de leiders: Iran ($504,4), Sri Lanka ($140,2), Pakistan ($115,9), India ($87,3) en Bangladesh ($80,5). De groei van de diensten onder de leiders: India (7,7%), Sri Lanka (5,8%), Pakistan (4,8%), Bangladesh (4,2%) en Iran (3,4%).

de jaren 2000

De diensten van Zuid-Azië bedroegen in de jaren 2000 US$354,0 miljard per jaar, en waren vergelijkbaar met Australazië (US$361,0 miljard). Het aandeel in de wereld was 1,8%, en 8,4% in Azië.

Het aandeel van de diensten in de economie van Zuid-Azië was 29,1% in de jaren 2000, en was vergelijkbaar met Kazachstan (29,1%), Burundi (29,2%), Bangladesh (29,0%).

De diensten per hoofd in Zuid-Azië waren $224,8 in de jaren 2000s, en waren vergelijkbaar met Mauritanië (US$227,8), West-Afrika (US$228,0). De diensten per hoofd in Zuid-Azië waren in 13,4 keer lager dan de diensten per hoofd van de bevolking in de wereld ($3.011,2), en waren in 4,8 keer lager dan de diensten per hoofd van de bevolking in Azië ($3.011,2).

De groei van de diensten in Zuid-Azië bedroeg 6.1% in de jaren 2000, en was vergelijkbaar met Vietnam (6,0%), Maleisië (6,1%), Ghana (6,1%). De groei van de diensten in Zuid-Azië (6,1%) was groter dan de groei van de diensten in de wereld (2,9%), was groter dan de groei van de diensten in Azië (5,5%).

Vergelijking met subregio's. De waarde van de diensten in Zuid-Azië was groter dan in Zuidoost-Azië (US$243,4 miljard) en in Centraal-Azië (US$25,3 miljard); maar minder dan in Oost-Azië (US$3,2 biljoen) en in Zuidwest-Azië (US$423,3 miljard). De diensten per hoofd in Zuid-Azië waren in Zuid-Azië minder dan in Zuidwest-Azië (US$2,1 duizend), in Oost-Azië (US$2,0 duizend), in Zuidoost-Azië (US$436,6) en in Centraal-Azië (US$434,4). De groei van de diensten in Zuid-Azië was groter dan in Oost-Azië (5,4%), in Zuidoost-Azië (5,3%) en in Zuidwest-Azië (5,0%); maar minder dan in Centraal-Azië (7,3%).

Leiders. De waarde van de diensten in Zuid-Azië in de jaren 2000 bestond uit: India (65,9%), Iran (19,0%), Pakistan (6,7%), Bangladesh (5,1%), Sri Lanka (2,4%), en andere (1,1%). Het aandeel van de diensten in economie van de leiders: Sri Lanka (32,6%), India (30,7%),

Bangladesh (29,0%), Iran (27,5%) en Pakistan (21,9%). De diensten per hoofd in Zuid-Azië onder de leiders: Iran ($968,5), Sri Lanka ($429,8), India ($204,9), Pakistan ($148,4) en Bangladesh ($130,6). De groei van de diensten onder de leiders: India (7,1%), Pakistan (6,2%), Bangladesh (4,6%), Sri Lanka (3,5%) en Iran (3,5%).

de jaren 2010

De toegevoegde waarde van de diensten in Zuid-Azië bedroeg in de jaren 2010 US$981,2 miljard per jaar, en was vergelijkbaar met Zuidwest-Azië (US$971,0 miljard). Het aandeel in de wereld was 3,0%, en 10,4% in Azië.

Het aandeel van de diensten in de economie van Zuid-Azië was 32,1% in de jaren 2010, en was vergelijkbaar met Vanuatu (32,1%), Armenië (32,2%), Zimbabwe (32,2%).

De diensten per hoofd in Zuid-Azië waren $540,2 in de jaren 2010s, en waren vergelijkbaar met Bhutan (US$547,2), Ivoorkust (US$533,1), Congo (US$531,1). De toegevoegde waarde van de diensten per hoofd in Zuid-Azië was in 8,3 keer lager dan de diensten per hoofd van de bevolking in de wereld ($4.467,8), en was in 4,0 keer lager dan de diensten per hoofd van de bevolking in Azië ($4.467,8).

De groei van de diensten in Zuid-Azië bedroeg 6.8% in de jaren 2010, en was vergelijkbaar met Mozambique (6,8%). De groei van de diensten in Zuid-Azië (6,8%) was groter dan de groei van de diensten in de wereld (2,7%), was groter dan de groei van de diensten in Azië (5,4%).

Vergelijking met subregio's. De sector van de diensten in Zuid-Azië was 1,0% groter dan in Zuidwest-Azië (US$971,0 miljard), 54,5% groter dan in Zuidoost-Azië (US$635,2 miljard) en 13,3 keer groter dan in Centraal-Azië (US$73,9 miljard); maar 6,9 keer minder dan in Oost-Azië (US$6,8 biljoen). De diensten per hoofd in Zuid-Azië waren in Zuid-Azië7,6 keer minder dan in Oost-Azië (US$4,1 duizend), 7,1 keer minder dan in Zuidwest-Azië (US$3,8 duizend), 2,0 keer minder dan in Centraal-Azië (US$1.087,7) en 46,4% minder dan in Zuidoost-Azië (US$1.008,0). De groei van de diensten in Zuid-Azië was groter dan in Zuidoost-Azië (5,5%), in Oost-Azië (5,4%), in Centraal-Azië (5,1%) en in Zuidwest-Azië (4,0%).

Leiders. De toegevoegde waarde van de diensten in Zuid-Azië in de jaren 2010 bestond uit: India (69,5%), Iran (15,2%), Bangladesh (5,9%), Pakistan (5,6%), Sri Lanka (2,5%), en andere (1,4%). Het aandeel van de diensten in economie van de leiders: Sri Lanka (34,4%), India (33,7%), Bangladesh (31,5%), Iran (29,5%) en Pakistan (23,6%). De diensten per hoofd in Zuid-Azië onder de leiders: Iran ($1.902,8), Sri Lanka ($1.168,0), India ($523,5), Bangladesh ($371,1) en Pakistan ($278,6). De groei van de diensten onder de leiders: India (7,8%), Pakistan (6,1%), Sri Lanka (5,7%), Bangladesh (5,4%) en Iran (2,9%).

Part III. Externe betrekkingen

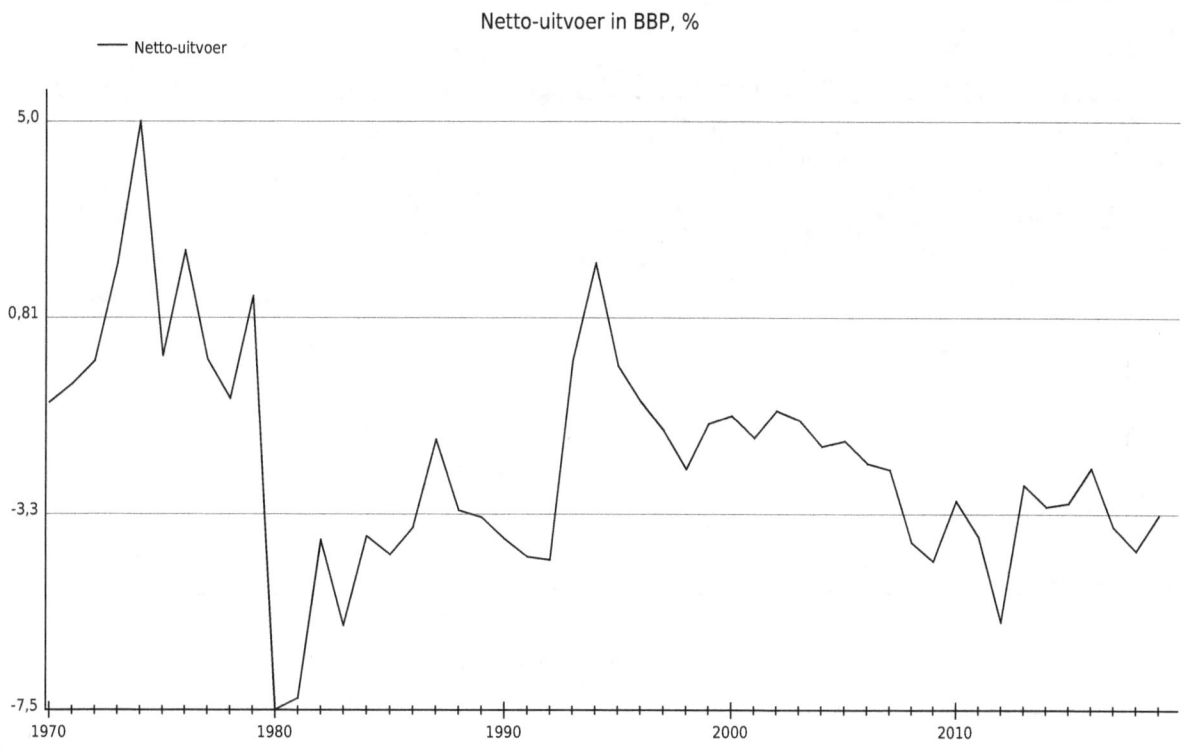

Netto-uitvoer in BBP, %

Hoofdstuk X. Uitvoer

Uitvoer van goederen en diensten

De uitvoer van Zuid-Azië steeg van US$23,9 miljard per jaar in de jaren 1970 tot US$663,8 miljard per jaar in de jaren 2010, dat wil zeggen met US$639,9 miljard of 27,8 keer. De verandering vond plaats op US$544,8 miljard als gevolg van een 5,6-voudige stijging van de prijzen, en ook op US$66,5 miljard als gevolg van een 2,3-voudige toename van het tarief per hoofd , evenals op US$28,6 miljard als gevolg van de toename van de bevolking. De gemiddelde jaarlijkse groei van de export is 3,9%. De minimumwaarde van de export bedroeg US$6,4 miljard in 1970. De maximumwaarde van de export bedroeg US$753,7 miljard in 2018.

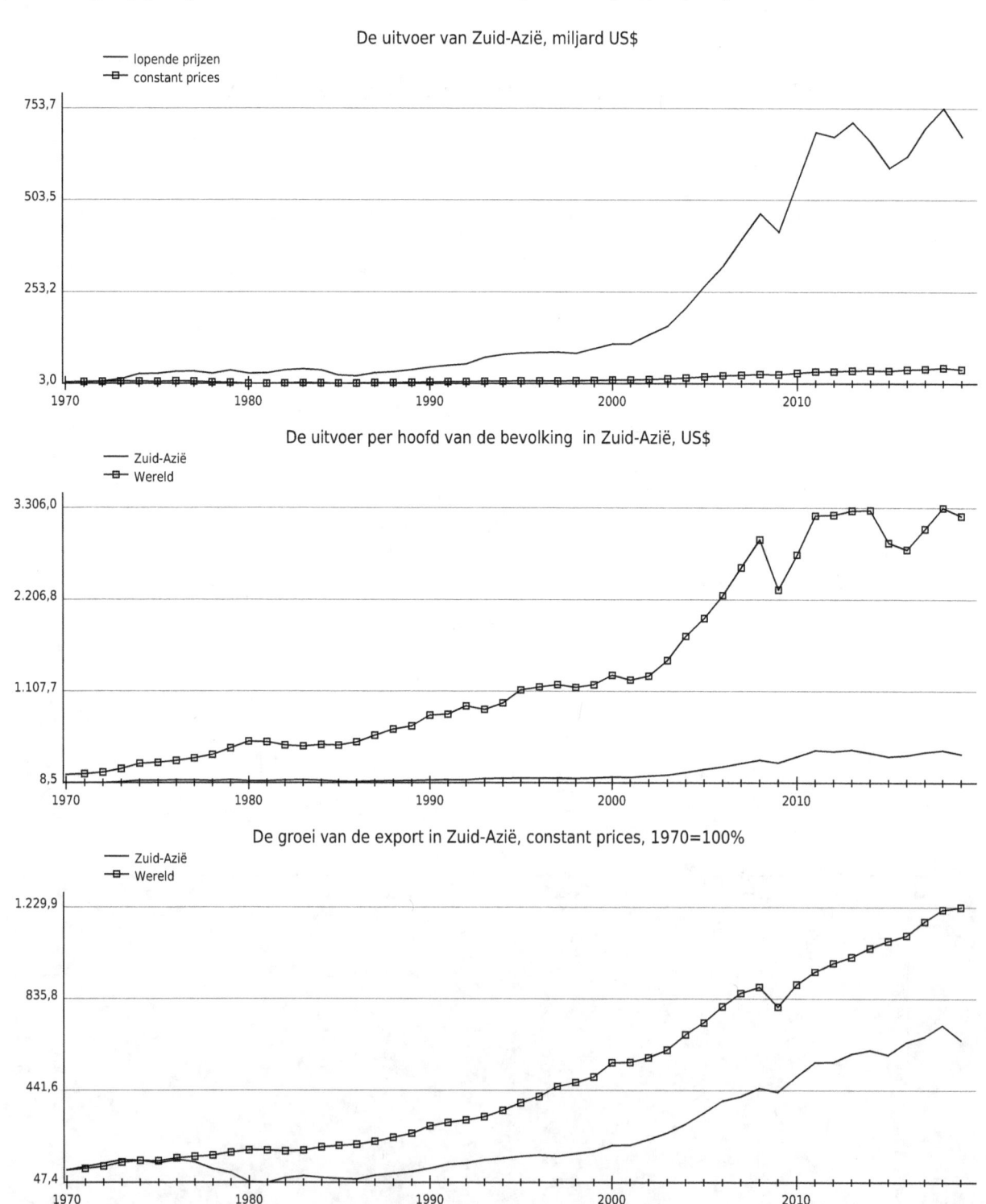

De uitvoer van Zuid-Azië, miljard US$

De uitvoer per hoofd van de bevolking in Zuid-Azië, US$

De groei van de export in Zuid-Azië, constant prices, 1970=100%

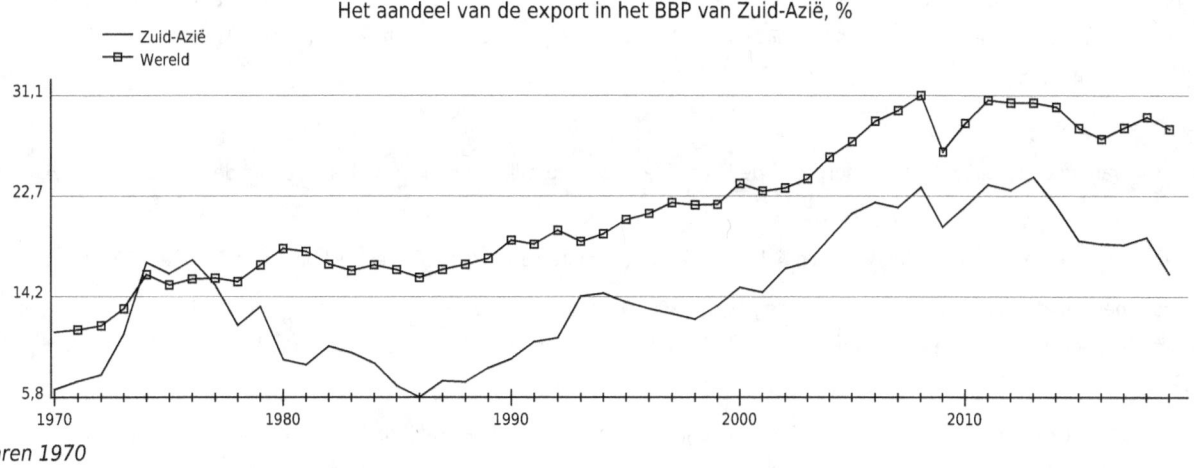

Het aandeel van de export in het BBP van Zuid-Azië, %

de jaren 1970

De uitvoer van Zuid-Azië bedroeg in de jaren 1970 US$23,9 miljard per jaar. Het aandeel in de wereld was 2,4%, en 11,3% in Azië.

Het aandeel van de export in het BBP van Zuid-Azië was 13,2% in de jaren 1970, en was vergelijkbaar met Spanje (13,2%), Andorra (13,2%), Griekenland (13,2%).

De waarde van de export per hoofd in Zuid-Azië was $28,9 in de jaren 1970s, en was vergelijkbaar met Guinee-Bissau (US$28,9). De uitvoer per hoofd in Zuid-Azië was in 8,4 keer lager dan de export per hoofd van de bevolking in de wereld ($242,1), en was in 3,1 keer lager dan de export per hoofd van de bevolking in Azië ($242,1).

De groei van de export in Zuid-Azië bedroeg -1.3% in de jaren 1970, en was vergelijkbaar met Tsjaad (-1,3%). De groei van de export in Zuid-Azië (-1,3%) was minder dan de groei van de export in de wereld (6,5%), was minder dan de groei van de export in Azië (7,9%).

Vergelijking met subregio's. De uitvoer van Zuid-Azië was minder dan in Oost-Azië (US$96,5 miljard), in Zuidwest-Azië (US$61,3 miljard) en in Zuidoost-Azië (US$29,2 miljard). De waarde van de export per hoofd in Zuid-Azië was in Zuid-Azië minder dan in Zuidwest-Azië (US$726,2), in Zuidoost-Azië (US$92,4) en in Oost-Azië (US$88,1). De groei van de export in Zuid-Azië was minder dan in Oost-Azië (10,2%), in Zuidwest-Azië (9,6%) en in Zuidoost-Azië (9,6%).

Leiders. De uitvoer van Zuid-Azië in de jaren 1970 bestond uit: Iran (64,5%), India (23,2%), Pakistan (5,1%), Sri Lanka (3,7%), Bangladesh (1,5%), en andere (1,9%). Het aandeel van de export in BBP van de leiders: Iran (31,8%), Sri Lanka (23,6%), Pakistan (7,8%), India (5,5%) en Bangladesh (4,1%). De uitvoer per hoofd in Zuid-Azië onder de leiders: Iran ($473,9), Sri Lanka ($65,6), Pakistan ($18,5), India ($9,0) en Bangladesh ($5,2). De groei van de export onder de leiders: India (8,0%), Bangladesh (3,7%), Sri Lanka (0,62%), Pakistan (-0,84%) en Iran (-3,0%).

de jaren 1980

De uitvoer van Zuid-Azië bedroeg in de jaren 1980 US$33,9 miljard per jaar, en was vergelijkbaar met Singapore (US$34,0 miljard), Mexico (US$34,5 miljard). Het aandeel in de wereld was 1,3%, en 5,2% in Azië.

Het aandeel van de export in het BBP van Zuid-Azië was 8,1% in de jaren 1980, en was vergelijkbaar met de Verenigde Staten (8,1%), Argentinië (8,1%).

De uitvoer per hoofd in Zuid-Azië was $32,3 in de jaren 1980s. De uitvoer per hoofd in Zuid-Azië was in 16,4 keer lager dan de export per hoofd van de bevolking in de wereld ($529,9), en was in 7,1 keer lager dan de export per hoofd van de bevolking in Azië ($529,9).

De groei van de export in Zuid-Azië bedroeg 0.5% in de jaren 1980. De groei van de export in Zuid-Azië (0,49%) was minder dan de groei van de export in de wereld (3,8%), was minder dan de groei van de export in Azië (4,1%).

Vergelijking met subregio's. De uitvoer van Zuid-Azië was minder dan in Oost-Azië (US$365,8 miljard), in Zuidwest-Azië (US$149,6 miljard) en in Zuidoost-Azië (US$100,5 miljard). De waarde van de export per hoofd in Zuid-Azië was in Zuid-Azië minder dan in Zuidwest-Azië (US$1.316,5), in Oost-Azië (US$286,3) en in Zuidoost-Azië (US$253,4). De groei van de export in Zuid-Azië was groter dan in Zuidwest-Azië (-0,88%); maar minder dan in Oost-Azië (9,6%) en in Zuidoost-Azië (6,9%).

Leiders. De uitvoer van Zuid-Azië in de jaren 1980 bestond uit: India (42,3%), Iran (36,1%), Pakistan (11,2%), Sri Lanka (4,6%), Bangladesh (3,3%), en andere (2,5%). Het aandeel van de export in BBP van de leiders: Sri Lanka (23,4%), Iran (11,4%), Pakistan

(9,5%), India (5,9%) en Bangladesh (5,6%). De waarde van de export per hoofd in Zuid-Azië onder de leiders: Iran ($263,1), Sri Lanka ($96,9), Pakistan ($41,9), India ($18,5) en Bangladesh ($12,4). De groei van de export onder de leiders: Pakistan (10,2%), Bangladesh (7,9%), Sri Lanka (5,4%), India (4,7%) en Iran (-2,5%).

de jaren 1990

De waarde van de export in Zuid-Azië bedroeg in de jaren 1990 US$75,6 miljard per jaar. Het aandeel in de wereld was 1,3%, en 4,8% in Azië.

Het aandeel van de export in het BBP van Zuid-Azië was 12,6% in de jaren 1990, en was vergelijkbaar met Pakistan (12,5%).

De uitvoer per hoofd in Zuid-Azië was $57,7 in de jaren 1990s. De waarde van de export per hoofd in Zuid-Azië was in 17,8 keer lager dan de export per hoofd van de bevolking in de wereld ($1.029,5), en was in 7,9 keer lager dan de export per hoofd van de bevolking in Azië ($1.029,5).

De groei van de export in Zuid-Azië bedroeg 6.8% in de jaren 1990. De groei van de export in Zuid-Azië (6,8%) was minder dan de groei van de export in de wereld (6,9%), was minder dan de groei van de export in Azië (8,1%).

Vergelijking met subregio's. De waarde van de export in Zuid-Azië was groter dan in Centraal-Azië (US$16,9 miljard); maar minder dan in Oost-Azië (US$952,3 miljard), in Zuidoost-Azië (US$335,4 miljard) en in Zuidwest-Azië (US$202,1 miljard). De waarde van de export per hoofd in Zuid-Azië was in Zuid-Azië minder dan in Zuidwest-Azië (US$1.228,5), in Zuidoost-Azië (US$696,7), in Oost-Azië (US$654,0) en in Centraal-Azië (US$320,5). De groei van de export in Zuid-Azië was groter dan in Zuidwest-Azië (5,2%) en in Centraal-Azië (-5,9%); maar minder dan in Zuidoost-Azië (9,8%) en in Oost-Azië (9,1%).

Leiders. De uitvoer van Zuid-Azië in de jaren 1990 bestond uit: India (47,8%), Iran (27,8%), Pakistan (11,3%), Sri Lanka (5,5%), Bangladesh (4,9%), en andere (2,6%). Het aandeel van de export in BBP van de leiders: Sri Lanka (29,1%), Iran (18,5%), Pakistan (12,5%), Bangladesh (10,3%) en India (10,0%). De waarde van de export per hoofd in Zuid-Azië onder de leiders: Iran ($344,5), Sri Lanka ($231,5), Pakistan ($69,9), India ($37,8) en Bangladesh ($32,5). De groei van de export onder de leiders: Bangladesh (12,6%), India (11,7%), Sri Lanka (8,3%), Iran (3,2%) en Pakistan (3,1%).

de jaren 2000

De waarde van de export in Zuid-Azië bedroeg in de jaren 2000 US$259,8 miljard per jaar, en was vergelijkbaar met Centraal-Amerika (US$263,1 miljard), Rusland (US$256,1 miljard). Het aandeel in de wereld was 2,1%, en 6,5% in Azië.

Het aandeel van de export in het BBP van Zuid-Azië was 20,0% in de jaren 2000, en was vergelijkbaar met Australië (20,2%).

De waarde van de export per hoofd in Zuid-Azië was $165,0 in de jaren 2000s, en was vergelijkbaar met Kiribati (US$163,1), Laos (US$168,0). De uitvoer per hoofd in Zuid-Azië was in 11,7 keer lager dan de export per hoofd van de bevolking in de wereld ($1.933,7), en was in 6,1 keer lager dan de export per hoofd van de bevolking in Azië ($1.933,7).

De groei van de export in Zuid-Azië bedroeg 9.2% in de jaren 2000. De groei van de export in Zuid-Azië (9,2%) was groter dan de groei van de export in de wereld (4,8%), was groter dan de groei van de export in Azië (7,5%).

Vergelijking met subregio's. De waarde van de export in Zuid-Azië was groter dan in Centraal-Azië (US$50,0 miljard); maar minder dan in Oost-Azië (US$2,3 biljoen), in Zuidoost-Azië (US$767,6 miljard) en in Zuidwest-Azië (US$653,2 miljard). De waarde van de export per hoofd in Zuid-Azië was in Zuid-Azië minder dan in Zuidwest-Azië (US$3,2 duizend), in Oost-Azië (US$1.455,3), in Zuidoost-Azië (US$1.376,7) en in Centraal-Azië (US$858,1). De groei van de export in Zuid-Azië was groter dan in Oost-Azië (8,9%), in Centraal-Azië (7,7%), in Zuidoost-Azië (6,7%) en in Zuidwest-Azië (3,9%).

Leiders. De waarde van de export in Zuid-Azië in de jaren 2000 bestond uit: India (61,3%), Iran (23,9%), Pakistan (6,0%), Bangladesh (4,0%), Sri Lanka (3,0%), en andere (1,8%). Het aandeel van de export in BBP van de leiders: Sri Lanka (26,3%), Iran (25,9%), India (19,2%), Bangladesh (16,1%) en Pakistan (13,6%). De uitvoer per hoofd in Zuid-Azië onder de leiders: Iran ($897,3), Sri Lanka ($397,3), India ($140,0), Pakistan ($97,9) en Bangladesh ($75,6). De groei van de export onder de leiders: India (13,8%), Bangladesh (10,1%), Pakistan (7,4%), Sri Lanka (2,6%) en Iran (2,2%).

de jaren 2010

De waarde van de export in Zuid-Azië bedroeg in de jaren 2010 US$663,8 miljard per jaar, en was vergelijkbaar met Zuid-Korea (US$658,6 miljard), Zuid-Amerika (US$648,9 miljard). Het aandeel in de wereld was 2,9%, en 7,7% in Azië.

Het aandeel van de export in het BBP van Zuid-Azië was 20,3% in de jaren 2010, en was vergelijkbaar met Guatemala (20,4%).

De uitvoer per hoofd in Zuid-Azië was $365,5 in de jaren 2010s, en was vergelijkbaar met India (US$358,9). De uitvoer per hoofd in Zuid-Azië was in 8,5 keer lager dan de export per hoofd van de bevolking in de wereld ($3.098,9), en was in 5,4 keer lager dan de export per hoofd van de bevolking in Azië ($3.098,9).

De groei van de export in Zuid-Azië bedroeg 4.2% in de jaren 2010, en was vergelijkbaar met Zuidwest-Azië (4,2%), Andorra (4,3%). De groei van de export in Zuid-Azië (4,2%) was minder dan de groei van de export in de wereld (4,4%), was minder dan de groei van de export in Azië (5,3%).

Vergelijking met subregio's. De uitvoer van Zuid-Azië was 5,7 keer groter dan in Centraal-Azië (US$116,3 miljard); maar 7,3 keer minder dan in Oost-Azië (US$4,8 biljoen), 2,4 keer minder dan in Zuidoost-Azië (US$1,6 biljoen) en 2,2 keer minder dan in Zuidwest-Azië (US$1,4 biljoen). De waarde van de export per hoofd in Zuid-Azië was in Zuid-Azië15,4 keer minder dan in Zuidwest-Azië (US$5,6 duizend), 8,1 keer minder dan in Oost-Azië (US$3,0 duizend), 7,0 keer minder dan in Zuidoost-Azië (US$2,6 duizend) en 4,7 keer minder dan in Centraal-Azië (US$1.711,9). De groei van de export in Zuid-Azië was groter dan in Zuidwest-Azië (4,2%) en in Centraal-Azië (3,9%); maar minder dan in Zuidoost-Azië (5,8%) en in Oost-Azië (5,6%).

Leiders. De uitvoer van Zuid-Azië in de jaren 2010 bestond uit: India (70,4%), Iran (16,9%), Bangladesh (4,9%), Pakistan (4,0%), Sri Lanka (2,5%), en andere (1,3%). Het aandeel van de export in BBP van de leiders: Iran (22,3%), Sri Lanka (21,3%), India (21,1%), Bangladesh (16,9%) en Pakistan (10,9%). De uitvoer per hoofd in Zuid-Azië onder de leiders: Iran ($1.436,9), Sri Lanka ($784,1), India ($358,9), Bangladesh ($209,1) en Pakistan ($135,6). De groei van de export onder de leiders: Bangladesh (6,1%), India (5,8%), Sri Lanka (4,8%), Pakistan (2,6%) en Iran (-3,2%).

Hoofdstuk XI. Invoer

Invoer van goederen en diensten

De waarde van de invoer in Zuid-Azië steeg van US$22,3 miljard per jaar in de jaren 1970 tot US$778,2 miljard per jaar in de jaren 2010, dat wil zeggen met US$755,9 miljard of 34,8 keer. De verandering vond plaats op US$666,6 miljard als gevolg van een 7,0-voudige stijging van de prijzen, en ook op US$62,5 miljard als gevolg van een 2,3-voudige toename van het tarief per hoofd , evenals op US$26,8 miljard als gevolg van de toename van de bevolking. De gemiddelde jaarlijkse groei van de invoer is 4,9%. De minimumwaarde van de invoer bedroeg US$7,3 miljard in 1970. De maximumwaarde van de invoer bedroeg US$915,3 miljard in 2018.

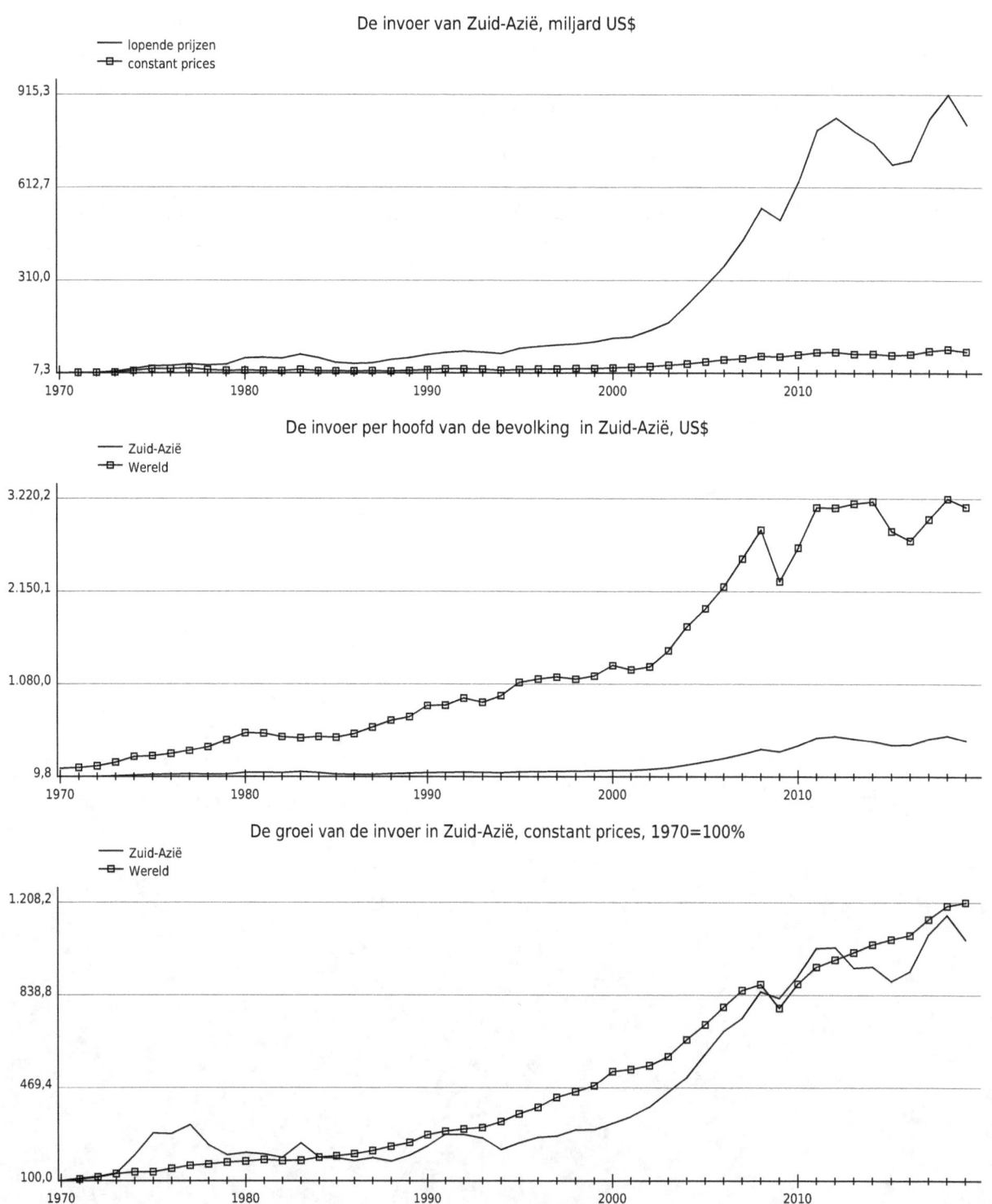

De invoer van Zuid-Azië, miljard US$

De invoer per hoofd van de bevolking in Zuid-Azië, US$

De groei van de invoer in Zuid-Azië, constant prices, 1970=100%

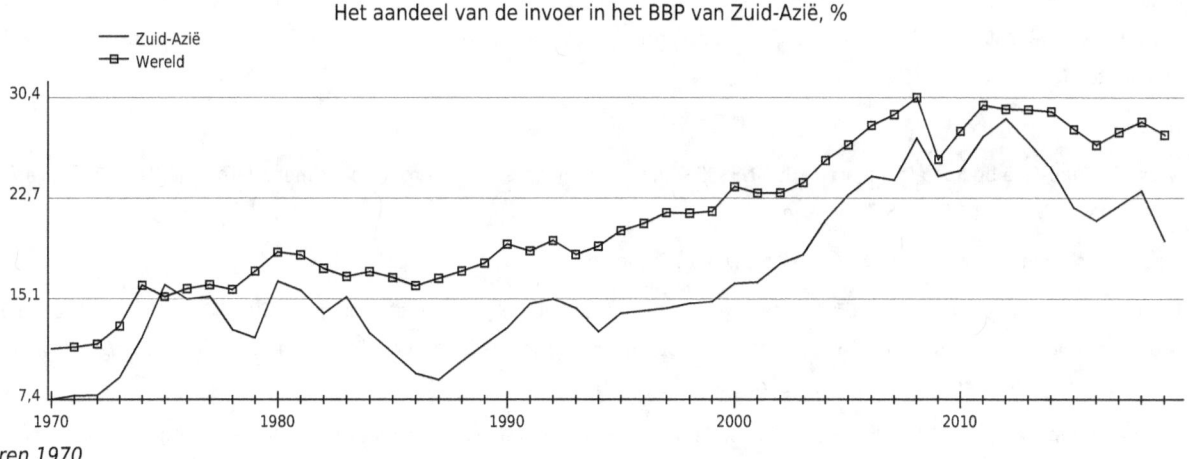

Het aandeel van de invoer in het BBP van Zuid-Azië, %

— Zuid-Azië
-□- Wereld

de jaren 1970

De waarde van de invoer in Zuid-Azië bedroeg in de jaren 1970 US$22,3 miljard per jaar. Het aandeel in de wereld was 2,3%, en 12,1% in Azië.

Het aandeel van de invoer in het BBP van Zuid-Azië was 12,4% in de jaren 1970.

De invoer per hoofd in Zuid-Azië was $27,0 in de jaren 1970s, en was vergelijkbaar met Afghanistan (US$27,6). De waarde van de invoer per hoofd in Zuid-Azië was in 9,0 keer lager dan de invoer per hoofd van de bevolking in de wereld ($244,3), en was in 2,9 keer lager dan de invoer per hoofd van de bevolking in Azië ($244,3).

De groei van de invoer in Zuid-Azië bedroeg 8.2% in de jaren 1970, en was vergelijkbaar met Libië (8,1%), de Dominicaanse Republiek (8,1%), Malta (8,2%). De groei van de invoer in Zuid-Azië (8,2%) was groter dan de groei van de invoer in de wereld (6,3%), was minder dan de groei van de invoer in Azië (9,6%).

Vergelijking met subregio's. De waarde van de invoer in Zuid-Azië was minder dan in Oost-Azië (US$94,2 miljard), in Zuidwest-Azië (US$39,5 miljard) en in Zuidoost-Azië (US$28,8 miljard). De waarde van de invoer per hoofd in Zuid-Azië was in Zuid-Azië minder dan in Zuidwest-Azië (US$468,1), in Zuidoost-Azië (US$91,2) en in Oost-Azië (US$86,0). De groei van de invoer in Zuid-Azië was minder dan in Zuidwest-Azië (12,1%), in Zuidoost-Azië (9,8%) en in Oost-Azië (8,9%).

Leiders. De invoer van Zuid-Azië in de jaren 1970 bestond uit: Iran (53,1%), India (26,8%), Pakistan (9,0%), Sri Lanka (4,5%), Bangladesh (3,9%), en andere (2,7%). Het aandeel van de invoer in BBP van de leiders: Sri Lanka (26,8%), Iran (24,5%), Pakistan (12,8%), Bangladesh (9,9%) en India (6,0%). De waarde van de invoer per hoofd in Zuid-Azië onder de leiders: Iran ($365,1), Sri Lanka ($74,5), Pakistan ($30,4), Bangladesh ($12,4) en India ($9,7). De groei van de invoer onder de leiders: Iran (12,1%), Pakistan (7,5%), India (6,2%), Sri Lanka (0,82%) en Bangladesh (-12,8%).

de jaren 1980

De waarde van de invoer in Zuid-Azië bedroeg in de jaren 1980 US$52,0 miljard per jaar. Het aandeel in de wereld was 2,0%, en 8,6% in Azië.

Het aandeel van de invoer in het BBP van Zuid-Azië was 12,4% in de jaren 1980.

De invoer per hoofd in Zuid-Azië was $49,6 in de jaren 1980s. De invoer per hoofd in Zuid-Azië was in 10,9 keer lager dan de invoer per hoofd van de bevolking in de wereld ($539,1), en was in 4,3 keer lager dan de invoer per hoofd van de bevolking in Azië ($539,1).

De groei van de invoer in Zuid-Azië bedroeg -0.1% in de jaren 1980. De groei van de invoer in Zuid-Azië (-0,073%) was minder dan de groei van de invoer in de wereld (3,8%), was minder dan de groei van de invoer in Azië (4,9%).

Vergelijking met subregio's. De invoer van Zuid-Azië was minder dan in Oost-Azië (US$322,2 miljard), in Zuidwest-Azië (US$130,7 miljard) en in Zuidoost-Azië (US$96,3 miljard). De waarde van de invoer per hoofd in Zuid-Azië was in Zuid-Azië minder dan in Zuidwest-Azië (US$1.150,0), in Oost-Azië (US$252,2) en in Zuidoost-Azië (US$242,9). De groei van de invoer in Zuid-Azië was minder dan in Zuidoost-Azië (7,1%), in Oost-Azië (6,9%) en in Zuidwest-Azië (3,2%).

Leiders. De invoer van Zuid-Azië in de jaren 1980 bestond uit: Iran (39,3%), India (36,2%), Pakistan (12,3%), Bangladesh (5,3%), Sri Lanka (4,4%), en andere (2,4%). Het aandeel van de invoer in BBP van de leiders: Sri Lanka (34,4%), Iran (19,1%), Pakistan (16,0%),

Bangladesh (14,1%) en India (7,8%). De invoer per hoofd in Zuid-Azië onder de leiders: Iran ($439,2), Sri Lanka ($142,3), Pakistan ($70,5), Bangladesh ($30,9) en India ($24,3). De groei van de invoer onder de leiders: Bangladesh (7,6%), India (7,1%), Sri Lanka (3,0%), Pakistan (2,8%) en Iran (-2,9%).

de jaren 1990

De invoer van Zuid-Azië bedroeg in de jaren 1990 US$85,4 miljard per jaar, en was vergelijkbaar met Australazië (US$86,7 miljard). Het aandeel in de wereld was 1,5%, en 5,7% in Azië.

Het aandeel van de invoer in het BBP van Zuid-Azië was 14,2% in de jaren 1990.

De invoer per hoofd in Zuid-Azië was $65,2 in de jaren 1990s, en was vergelijkbaar met Afghanistan (US$64,9), Liberia (US$66,5). De invoer per hoofd in Zuid-Azië was in 15,6 keer lager dan de invoer per hoofd van de bevolking in de wereld ($1.015,5), en was in 6,6 keer lager dan de invoer per hoofd van de bevolking in Azië ($1.015,5).

De groei van de invoer in Zuid-Azië bedroeg 4.2% in de jaren 1990. De groei van de invoer in Zuid-Azië (4,2%) was minder dan de groei van de invoer in de wereld (6,6%), was minder dan de groei van de invoer in Azië (6,8%).

Vergelijking met subregio's. De waarde van de invoer in Zuid-Azië was groter dan in Centraal-Azië (US$20,0 miljard); maar minder dan in Oost-Azië (US$861,9 miljard), in Zuidoost-Azië (US$325,6 miljard) en in Zuidwest-Azië (US$197,4 miljard). De waarde van de invoer per hoofd in Zuid-Azië was in Zuid-Azië minder dan in Zuidwest-Azië (US$1.199,8), in Zuidoost-Azië (US$676,3), in Oost-Azië (US$591,9) en in Centraal-Azië (US$378,9). De groei van de invoer in Zuid-Azië was groter dan in Centraal-Azië (-12,2%); maar minder dan in Zuidoost-Azië (8,9%), in Oost-Azië (7,2%) en in Zuidwest-Azië (4,3%).

Leiders. De invoer van Zuid-Azië in de jaren 1990 bestond uit: India (46,8%), Iran (24,8%), Pakistan (12,0%), Bangladesh (6,8%), Sri Lanka (6,1%), en andere (3,5%). Het aandeel van de invoer in BBP van de leiders: Sri Lanka (36,3%), Iran (18,7%), Bangladesh (16,1%), Pakistan (14,9%) en India (11,1%). De waarde van de invoer per hoofd in Zuid-Azië onder de leiders: Iran ($348,2), Sri Lanka ($289,6), Pakistan ($83,5), Bangladesh ($50,9) en India ($41,8). De groei van de invoer onder de leiders: India (12,9%), Sri Lanka (7,0%), Bangladesh (6,6%), Pakistan (2,0%) en Iran (-1,9%).

de jaren 2000

De invoer van Zuid-Azië bedroeg in de jaren 2000 US$293,2 miljard per jaar, en was vergelijkbaar met Centraal-Amerika (US$289,3 miljard), Hongkong (US$288,8 miljard), Zuid-Korea (US$299,8 miljard). Het aandeel in de wereld was 2,4%, en 8,3% in Azië.

Het aandeel van de invoer in het BBP van Zuid-Azië was 22,6% in de jaren 2000, en was vergelijkbaar met Australazië (22,6%), Tanzania (22,7%), de Centraal-Afrikaanse Republiek (22,7%).

De invoer per hoofd in Zuid-Azië was $186,2 in de jaren 2000s, en was vergelijkbaar met Benin (US$187,7), Soedan (US$184,3). De waarde van de invoer per hoofd in Zuid-Azië was in 10,2 keer lager dan de invoer per hoofd van de bevolking in de wereld ($1.899,9), en was in 4,8 keer lager dan de invoer per hoofd van de bevolking in Azië ($1.899,9).

De groei van de invoer in Zuid-Azië bedroeg 10.5% in de jaren 2000, en was vergelijkbaar met Montenegro (10,6%), Moldavië (10,6%), Libië (10,6%). De groei van de invoer in Zuid-Azië (10,5%) was groter dan de groei van de invoer in de wereld (5,1%), was groter dan de groei van de invoer in Azië (7,8%).

Vergelijking met subregio's. De invoer van Zuid-Azië was groter dan in Centraal-Azië (US$41,0 miljard); maar minder dan in Oost-Azië (US$2,0 biljoen), in Zuidoost-Azië (US$684,8 miljard) en in Zuidwest-Azië (US$514,1 miljard). De invoer per hoofd in Zuid-Azië was in Zuid-Azië minder dan in Zuidwest-Azië (US$2,5 duizend), in Oost-Azië (US$1.294,0), in Zuidoost-Azië (US$1.228,2) en in Centraal-Azië (US$703,4). De groei van de invoer in Zuid-Azië was groter dan in Oost-Azië (7,6%), in Zuidwest-Azië (7,5%), in Zuidoost-Azië (7,1%) en in Centraal-Azië (5,7%).

Leiders. De waarde van de invoer in Zuid-Azië in de jaren 2000 bestond uit: India (63,5%), Iran (18,4%), Pakistan (7,1%), Bangladesh (4,9%), Sri Lanka (3,4%), en andere (2,7%). Het aandeel van de invoer in BBP van de leiders: Sri Lanka (34,3%), Iran (22,5%), India (22,4%), Bangladesh (22,1%) en Pakistan (18,2%). De invoer per hoofd in Zuid-Azië onder de leiders: Iran ($777,3), Sri Lanka ($519,1), India ($163,6), Pakistan ($131,1) en Bangladesh ($103,9). De groei van de invoer onder de leiders: India (13,5%), Iran (9,1%), Bangladesh (7,4%), Pakistan (4,1%) en Sri Lanka (4,0%).

de jaren 2010

De waarde van de invoer in Zuid-Azië bedroeg in de jaren 2010 US$778,2 miljard per jaar. Het aandeel in de wereld was 3,5%, en 9,7% in Azië.

Het aandeel van de invoer in het BBP van Zuid-Azië was 23,8% in de jaren 2010, en was vergelijkbaar met Peru (23,9%), Tanzania (23,6%), Bangladesh (23,6%).

De invoer per hoofd in Zuid-Azië was $428,5 in de jaren 2010s, en was vergelijkbaar met Guinee (US$424,7), Haïti (US$423,4), India (US$419,4). De invoer per hoofd in Zuid-Azië was in 7,0 keer lager dan de invoer per hoofd van de bevolking in de wereld ($3.015,6), en was in 4,2 keer lager dan de invoer per hoofd van de bevolking in Azië ($3.015,6).

De groei van de invoer in Zuid-Azië bedroeg 2.5% in de jaren 2010, en was vergelijkbaar met Spanje (2,5%). De groei van de invoer in Zuid-Azië (2,5%) was minder dan de groei van de invoer in de wereld (4,4%), was minder dan de groei van de invoer in Azië (5,4%).

Vergelijking met subregio's. De waarde van de invoer in Zuid-Azië was 8,6 keer groter dan in Centraal-Azië (US$90,1 miljard); maar 5,8 keer minder dan in Oost-Azië (US$4,5 biljoen), 47,4% minder dan in Zuidoost-Azië (US$1,5 biljoen) en 32,5% minder dan in Zuidwest-Azië (US$1,2 biljoen). De waarde van de invoer per hoofd in Zuid-Azië was in Zuid-Azië10,6 keer minder dan in Zuidwest-Azië (US$4,5 duizend), 6,4 keer minder dan in Oost-Azië (US$2,7 duizend), 5,5 keer minder dan in Zuidoost-Azië (US$2,3 duizend) en 3,1 keer minder dan in Centraal-Azië (US$1.325,8). De groei van de invoer in Zuid-Azië was minder dan in Zuidoost-Azië (6,2%), in Centraal-Azië (6,1%), in Oost-Azië (6,0%) en in Zuidwest-Azië (4,0%).

Leiders. De waarde van de invoer in Zuid-Azië in de jaren 2010 bestond uit: India (70,2%), Iran (12,7%), Pakistan (5,9%), Bangladesh (5,8%), Sri Lanka (2,9%), en andere (2,5%). Het aandeel van de invoer in BBP van de leiders: Sri Lanka (29,6%), India (24,7%), Bangladesh (23,6%), Iran (19,6%) en Pakistan (18,7%). De invoer per hoofd in Zuid-Azië onder de leiders: Iran ($1.261,8), Sri Lanka ($1.090,1), India ($419,4), Bangladesh ($292,7) en Pakistan ($232,4). De groei van de invoer onder de leiders: Sri Lanka (6,3%), Bangladesh (6,1%), Pakistan (5,7%), India (4,6%) en Iran (-11,2%).

Part IV. Verbruik

Hoofdstuk XII. Overheidsuitgaven

Consumptie-uitgaven van de overheid

De overheidsuitgaven van Zuid-Azië steeg van US$21,5 miljard per jaar in de jaren 1970 tot US$344,9 miljard per jaar in de jaren 2010, dat wil zeggen met US$323,4 miljard of 16,0 keer. De verandering vond plaats op US$234,4 miljard als gevolg van een 3,1-voudige stijging van de prijzen, en ook op US$63,2 miljard als gevolg van een 2,3-voudige toename van het tarief per hoofd , evenals op US$25,8 miljard als gevolg van de toename van de bevolking. De gemiddelde jaarlijkse groei van de overheidsuitgaven is 5,1%. De minimumwaarde van de overheidsuitgaven bedroeg US$8,9 miljard in 1970. De maximumwaarde van de overheidsuitgaven bedroeg US$460,6 miljard in 2019.

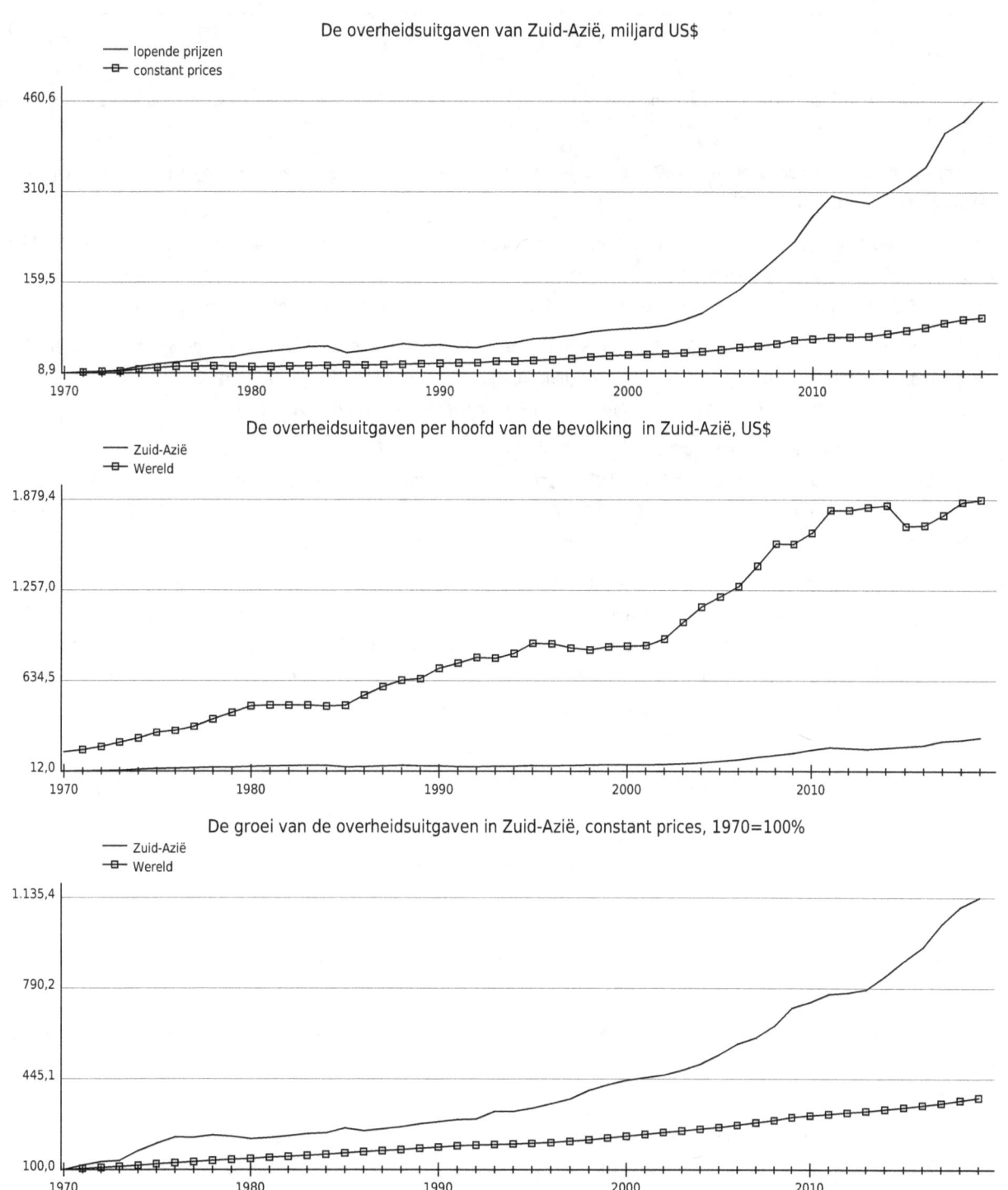

De overheidsuitgaven van Zuid-Azië, miljard US$

De overheidsuitgaven per hoofd van de bevolking in Zuid-Azië, US$

De groei van de overheidsuitgaven in Zuid-Azië, constant prices, 1970=100%

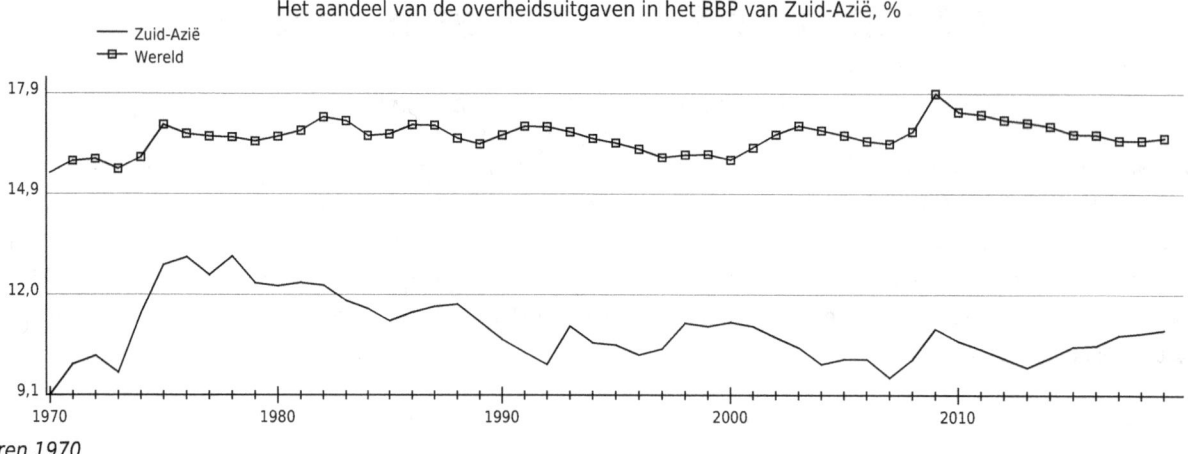

Het aandeel van de overheidsuitgaven in het BBP van Zuid-Azië, %

de jaren 1970

De overheidsuitgaven van Zuid-Azië bedroeg in de jaren 1970 US$21,5 miljard per jaar. Het aandeel in de wereld was 2,0%, en 13,4% in Azië.

Het aandeel van de overheidsuitgaven in het BBP van Zuid-Azië was 11,9% in de jaren 1970, en was vergelijkbaar met Zuid-Amerika (11,9%), Afrika (11,9%), Koeweit (11,9%).

De overheidsuitgaven per hoofd in Zuid-Azië was $26,0 in de jaren 1970s, en was vergelijkbaar met Soedan (US$26,3), Nigeria (US$25,5). De overheidsuitgaven per hoofd in Zuid-Azië was in 10,2 keer lager dan de overheidsuitgaven per hoofd van de bevolking in de wereld ($265,2), en was in 2,6 keer lager dan de overheidsuitgaven per hoofd van de bevolking in Azië ($265,2).

De groei van de overheidsuitgaven in Zuid-Azië bedroeg 9.5% in de jaren 1970, en was vergelijkbaar met de Kaaimaneilanden (9,5%), Koeweit (9,5%), Thailand (9,5%). De groei van de overheidsuitgaven in Zuid-Azië (9,5%) was groter dan de groei van de overheidsuitgaven in de wereld (3,7%), was groter dan de groei van de overheidsuitgaven in Azië (6,9%).

Vergelijking met subregio's. De overheidsuitgaven van Zuid-Azië was groter dan in Zuidoost-Azië (US$9,8 miljard); maar minder dan in Oost-Azië (US$103,3 miljard) en in Zuidwest-Azië (US$25,5 miljard). De overheidsuitgaven per hoofd in Zuid-Azië was in Zuid-Azië minder dan in Zuidwest-Azië (US$302,2), in Oost-Azië (US$94,3) en in Zuidoost-Azië (US$31,0). De groei van de overheidsuitgaven in Zuid-Azië was groter dan in Zuidoost-Azië (9,0%), in Zuidwest-Azië (8,5%) en in Oost-Azië (5,9%).

Leiders. De overheidsuitgaven van Zuid-Azië in de jaren 1970 bestond uit: Iran (47,3%), India (43,4%), Pakistan (5,8%), Bangladesh (1,3%), Sri Lanka (1,00%), en andere (1,2%). Het aandeel van de overheidsuitgaven in BBP van de leiders: Iran (21,0%), India (9,3%), Pakistan (8,0%), Sri Lanka (5,7%) en Bangladesh (3,0%). De overheidsuitgaven per hoofd in Zuid-Azië onder de leiders: Iran ($312,9), Pakistan ($19,0), Sri Lanka ($15,7), India ($15,1) en Bangladesh ($3,8). De groei van de overheidsuitgaven onder de leiders: Bangladesh (18,5%), Iran (14,8%), Pakistan (5,9%), India (4,5%) en Sri Lanka (3,3%).

de jaren 1980

De overheidsuitgaven van Zuid-Azië bedroeg in de jaren 1980 US$49,4 miljard per jaar. Het aandeel in de wereld was 2,0%, en 10,2% in Azië.

Het aandeel van de overheidsuitgaven in het BBP van Zuid-Azië was 11,7% in de jaren 1980, en was vergelijkbaar met Saint Lucia (11,7%), Cyprus (11,8%).

De overheidsuitgaven per hoofd in Zuid-Azië was $47,1 in de jaren 1980s. De overheidsuitgaven per hoofd in Zuid-Azië was in 11,1 keer lager dan de overheidsuitgaven per hoofd van de bevolking in de wereld ($523,5), en was in 3,6 keer lager dan de overheidsuitgaven per hoofd van de bevolking in Azië ($523,5).

De groei van de overheidsuitgaven in Zuid-Azië bedroeg 1.9% in de jaren 1980, en was vergelijkbaar met Hongarije (1,9%). De groei van de overheidsuitgaven in Zuid-Azië (1,9%) was minder dan de groei van de overheidsuitgaven in de wereld (2,7%), was minder dan de groei van de overheidsuitgaven in Azië (4,2%).

Vergelijking met subregio's. De overheidsuitgaven van Zuid-Azië was groter dan in Zuidoost-Azië (US$27,1 miljard); maar minder dan in Oost-Azië (US$330,6 miljard) en in Zuidwest-Azië (US$75,5 miljard). De overheidsuitgaven per hoofd in Zuid-Azië was in Zuid-Azië minder dan in Zuidwest-Azië (US$664,1), in Oost-Azië (US$258,7) en in Zuidoost-Azië (US$68,4). De groei van de overheidsuitgaven in Zuid-Azië was minder dan in Oost-Azië (4,7%), in Zuidoost-Azië (4,3%) en in Zuidwest-Azië (3,5%).

Leiders. De overheidsuitgaven van Zuid-Azië in de jaren 1980 bestond uit: India (53,1%), Iran (35,8%), Pakistan (7,7%), Bangladesh (1,6%), Sri Lanka (0,84%). Het aandeel van de overheidsuitgaven in BBP van de leiders: Iran (16,5%), India (10,9%), Pakistan (9,5%), Sri Lanka (6,3%) en Bangladesh (4,1%). De overheidsuitgaven per hoofd in Zuid-Azië onder de leiders: Iran ($380,2), Pakistan ($41,9), India ($33,8), Sri Lanka ($26,0) en Bangladesh ($8,9). De groei van de overheidsuitgaven onder de leiders: Pakistan (10,9%), India (6,9%), Sri Lanka (4,1%), Bangladesh (3,1%) en Iran (-4,6%).

de jaren 1990

De overheidsuitgaven van Zuid-Azië bedroeg in de jaren 1990 US$64,0 miljard per jaar. Het aandeel in de wereld was 1,4%, en 5,8% in Azië.

Het aandeel van de overheidsuitgaven in het BBP van Zuid-Azië was 10,6% in de jaren 1990, en was vergelijkbaar met Zuid-Korea (10,6%), El Salvador (10,7%), Sierra Leone (10,7%).

De overheidsuitgaven per hoofd in Zuid-Azië was $48,9 in de jaren 1990s, en was vergelijkbaar met Tadzjikistan (US$49,4), Oost-Afrika (US$49,9), Ghana (US$50,1). De overheidsuitgaven per hoofd in Zuid-Azië was in 16,9 keer lager dan de overheidsuitgaven per hoofd van de bevolking in de wereld ($824,8), en was in 6,5 keer lager dan de overheidsuitgaven per hoofd van de bevolking in Azië ($824,8).

De groei van de overheidsuitgaven in Zuid-Azië bedroeg 4.5% in de jaren 1990. De groei van de overheidsuitgaven in Zuid-Azië (4,5%) was groter dan de groei van de overheidsuitgaven in de wereld (2,0%), was minder dan de groei van de overheidsuitgaven in Azië (5,0%).

Vergelijking met subregio's. De overheidsuitgaven van Zuid-Azië was groter dan in Zuidoost-Azië (US$55,3 miljard) en in Centraal-Azië (US$7,1 miljard); maar minder dan in Oost-Azië (US$856,0 miljard) en in Zuidwest-Azië (US$122,0 miljard). De overheidsuitgaven per hoofd in Zuid-Azië was in Zuid-Azië minder dan in Zuidwest-Azië (US$741,4), in Oost-Azië (US$587,9), in Centraal-Azië (US$133,8) en in Zuidoost-Azië (US$114,9). De groei van de overheidsuitgaven in Zuid-Azië was groter dan in Zuidoost-Azië (4,0%), in Zuidwest-Azië (2,5%) en in Centraal-Azië (-5,6%); maar minder dan in Oost-Azië (5,6%).

Leiders. De overheidsuitgaven van Zuid-Azië in de jaren 1990 bestond uit: India (62,7%), Iran (22,1%), Pakistan (9,9%), Bangladesh (2,6%), Sri Lanka (1,6%), en andere (1,0%). Het aandeel van de overheidsuitgaven in BBP van de leiders: Iran (12,5%), India (11,1%), Pakistan (9,2%), Sri Lanka (7,3%) en Bangladesh (4,6%). De overheidsuitgaven per hoofd in Zuid-Azië onder de leiders: Iran ($232,3), Sri Lanka ($57,9), Pakistan ($51,8), India ($42,0) en Bangladesh ($14,5). De groei van de overheidsuitgaven onder de leiders: India (6,1%), Sri Lanka (5,4%), Bangladesh (4,6%), Iran (2,6%) en Pakistan (-0,37%).

de jaren 2000

De overheidsuitgaven van Zuid-Azië bedroeg in de jaren 2000 US$134,4 miljard per jaar, en was vergelijkbaar met Rusland (US$136,2 miljard). Het aandeel in de wereld was 1,7%, en 7,1% in Azië.

Het aandeel van de overheidsuitgaven in het BBP van Zuid-Azië was 10,4% in de jaren 2000, en was vergelijkbaar met Zuidoost-Azië (10,3%), Singapore (10,3%), de Bahama's (10,3%).

De overheidsuitgaven per hoofd in Zuid-Azië was $85,4 in de jaren 2000s, en was vergelijkbaar met Benin (US$84,0), Nigeria (US$83,6), West-Afrika (US$83,5). De overheidsuitgaven per hoofd in Zuid-Azië was in 14,1 keer lager dan de overheidsuitgaven per hoofd van de bevolking in de wereld ($1.200,9), en was in 5,6 keer lager dan de overheidsuitgaven per hoofd van de bevolking in Azië ($1.200,9).

De groei van de overheidsuitgaven in Zuid-Azië bedroeg 5.4% in de jaren 2000, en was vergelijkbaar met Singapore (5,4%), Zuid-Korea (5,4%), Saoedi-Arabië (5,4%). De groei van de overheidsuitgaven in Zuid-Azië (5,4%) was groter dan de groei van de overheidsuitgaven in de wereld (3,1%), was groter dan de groei van de overheidsuitgaven in Azië (5,3%).

Vergelijking met subregio's. De overheidsuitgaven van Zuid-Azië was groter dan in Zuidoost-Azië (US$105,1 miljard) en in Centraal-Azië (US$12,0 miljard); maar minder dan in Oost-Azië (US$1,4 biljoen) en in Zuidwest-Azië (US$244,7 miljard). De overheidsuitgaven per hoofd in Zuid-Azië was in Zuid-Azië minder dan in Zuidwest-Azië (US$1.199,4), in Oost-Azië (US$892,1), in Centraal-Azië (US$206,7) en in Zuidoost-Azië (US$188,5). De groei van de overheidsuitgaven in Zuid-Azië was groter dan in Oost-Azië

(5,1%) en in Zuidwest-Azië (5,1%); maar minder dan in Zuidoost-Azië (6,5%) en in Centraal-Azië (6,0%).

Leiders. De overheidsuitgaven van Zuid-Azië in de jaren 2000 bestond uit: India (66,2%), Iran (20,3%), Pakistan (7,8%), Bangladesh (2,5%), Sri Lanka (1,8%), en andere (1,5%). Het aandeel van de overheidsuitgaven in BBP van de leiders: Iran (11,4%), India (10,7%), Pakistan (9,1%), Sri Lanka (8,0%) en Bangladesh (5,2%). De overheidsuitgaven per hoofd in Zuid-Azië onder de leiders: Iran ($393,3), Sri Lanka ($121,3), India ($78,2), Pakistan ($65,9) en Bangladesh ($24,4). De groei van de overheidsuitgaven onder de leiders: Pakistan (7,8%), Bangladesh (7,3%), Sri Lanka (6,9%), India (5,7%) en Iran (3,0%).

de jaren 2010

De overheidsuitgaven van Zuid-Azië bedroeg in de jaren 2010 US$344,9 miljard per jaar. Het aandeel in de wereld was 2,6%, en 8,1% in Azië.

Het aandeel van de overheidsuitgaven in het BBP van Zuid-Azië was 10,5% in de jaren 2010, en was vergelijkbaar met Ghana (10,6%), Ivoorkust (10,5%), Kazachstan (10,5%).

De overheidsuitgaven per hoofd in Zuid-Azië was $189,9 in de jaren 2010s, en was vergelijkbaar met Senegal (US$190,5). De overheidsuitgaven per hoofd in Zuid-Azië was in 9,4 keer lager dan de overheidsuitgaven per hoofd van de bevolking in de wereld ($1.785,1), en was in 5,1 keer lager dan de overheidsuitgaven per hoofd van de bevolking in Azië ($1.785,1).

De groei van de overheidsuitgaven in Zuid-Azië bedroeg 4.7% in de jaren 2010, en was vergelijkbaar met Ghana (4,7%). De groei van de overheidsuitgaven in Zuid-Azië (4,7%) was groter dan de groei van de overheidsuitgaven in de wereld (2,3%), was minder dan de groei van de overheidsuitgaven in Azië (5,2%).

Vergelijking met subregio's. De overheidsuitgaven van Zuid-Azië was 19,8% groter dan in Zuidoost-Azië (US$287,9 miljard) en 10,1 keer groter dan in Centraal-Azië (US$34,1 miljard); maar 8,9 keer minder dan in Oost-Azië (US$3,1 biljoen) en 38,0% minder dan in Zuidwest-Azië (US$556,3 miljard). De overheidsuitgaven per hoofd in Zuid-Azië was in Zuid-Azië11,5 keer minder dan in Zuidwest-Azië (US$2,2 duizend), 9,8 keer minder dan in Oost-Azië (US$1.863,4), 2,6 keer minder dan in Centraal-Azië (US$502,3) en 2,4 keer minder dan in Zuidoost-Azië (US$456,9). De groei van de overheidsuitgaven in Zuid-Azië was groter dan in Zuidoost-Azië (4,5%) en in Zuidwest-Azië (3,7%); maar minder dan in Oost-Azië (5,6%) en in Centraal-Azië (5,1%).

Leiders. De overheidsuitgaven van Zuid-Azië in de jaren 2010 bestond uit: India (68,6%), Iran (16,3%), Pakistan (7,9%), Bangladesh (3,2%), Sri Lanka (1,9%), en andere (2,1%). Het aandeel van de overheidsuitgaven in BBP van de leiders: Iran (11,2%), Pakistan (11,1%), India (10,7%), Sri Lanka (8,6%) en Bangladesh (5,7%). De overheidsuitgaven per hoofd in Zuid-Azië onder de leiders: Iran ($718,3), Sri Lanka ($315,5), India ($181,8), Pakistan ($138,0) en Bangladesh ($70,8). De groei van de overheidsuitgaven onder de leiders: Bangladesh (7,9%), Pakistan (5,8%), India (5,7%), Sri Lanka (2,1%) en Iran (-0,51%).

Hoofdstuk XIII. Huishoudelijke uitgaven

Consumptieve bestedingen van de huishoudens

De huishoudelijke uitgaven van Zuid-Azië steeg van US$127,5 miljard per jaar in de jaren 1970 tot US$1,9 biljoen per jaar in de jaren 2010, dat wil zeggen met US$1,8 biljoen of 15,2 keer. De verandering vond plaats op US$1,2 biljoen als gevolg van een 2,5-voudige stijging van de prijzen, en ook op US$492,1 miljard als gevolg van een 2,8-voudige toename van het tarief per hoofd , evenals op US$152,9 miljard als gevolg van de toename van de bevolking. De gemiddelde jaarlijkse groei van de huishoudelijke uitgaven is 4,5%. De minimumwaarde van de huishoudelijke uitgaven bedroeg US$77,4 miljard in 1970. De maximumwaarde van de huishoudelijke uitgaven bedroeg US$2,5 biljoen in 2019.

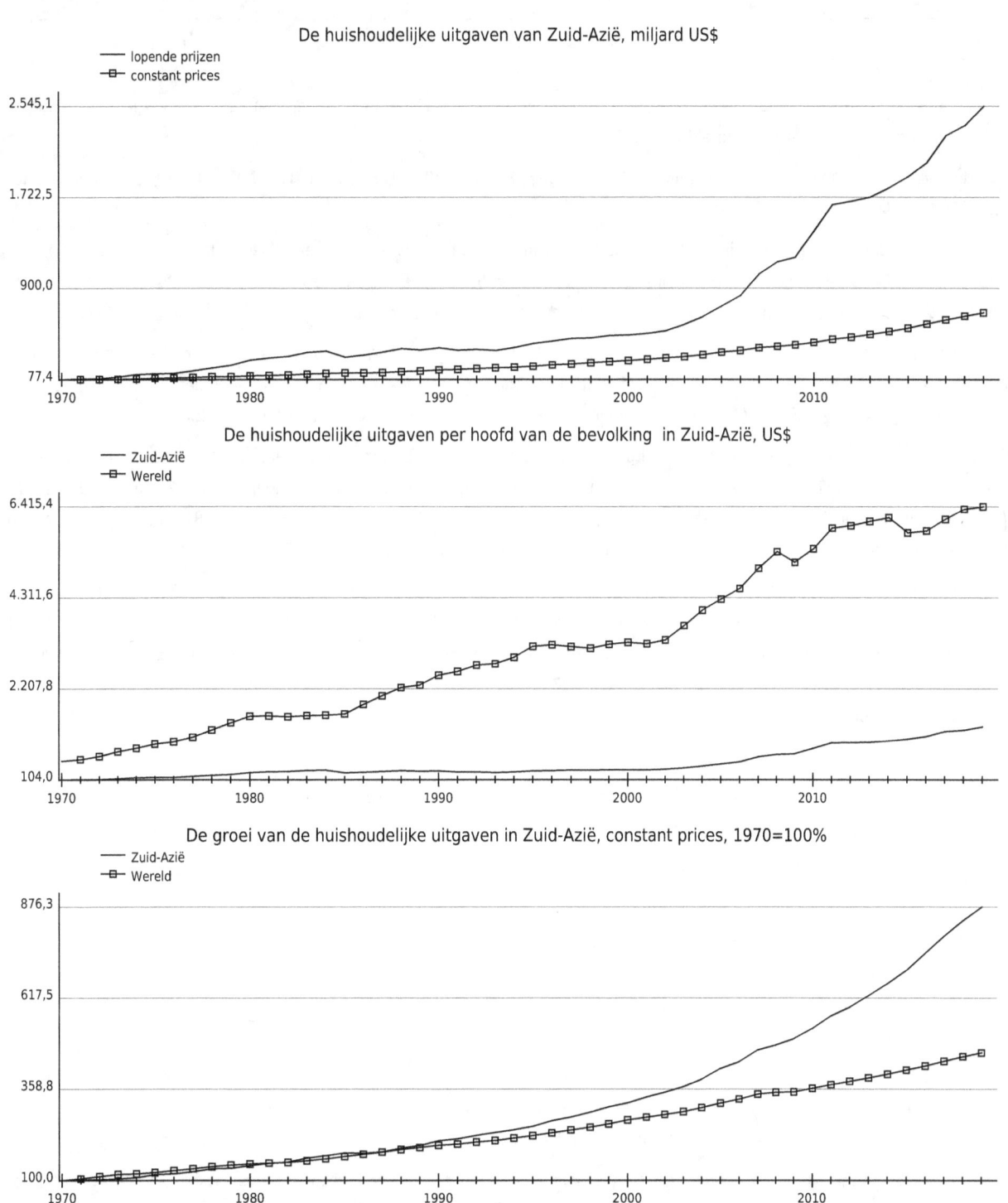

De huishoudelijke uitgaven van Zuid-Azië, miljard US$

De huishoudelijke uitgaven per hoofd van de bevolking in Zuid-Azië, US$

De groei van de huishoudelijke uitgaven in Zuid-Azië, constant prices, 1970=100%

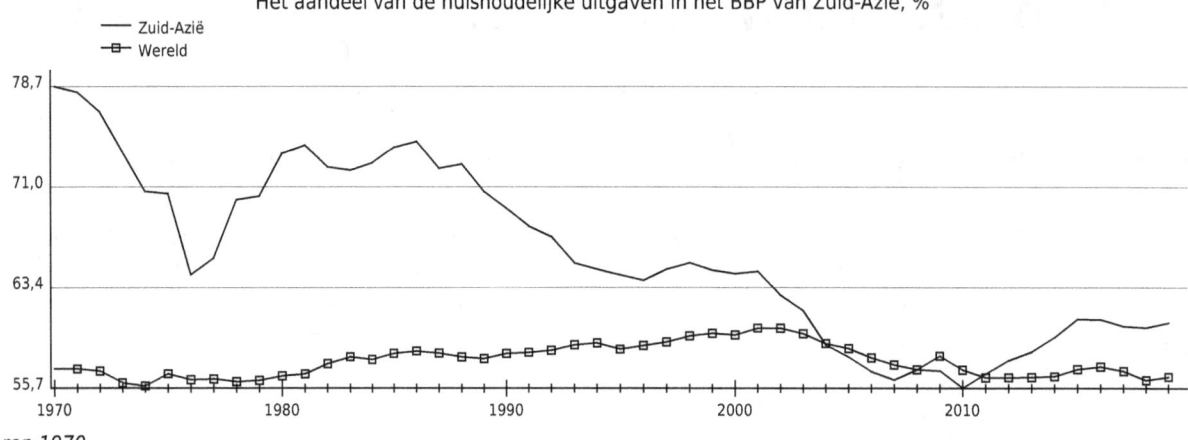

Het aandeel van de huishoudelijke uitgaven in het BBP van Zuid-Azië, %

de jaren 1970

De huishoudelijke uitgaven van Zuid-Azië bedroeg in de jaren 1970 US$127,5 miljard per jaar, en was vergelijkbaar met Italië (US$128,5 miljard). Het aandeel in de wereld was 3,5%, en 19,4% in Azië.

Het aandeel van de huishoudelijke uitgaven in het BBP van Zuid-Azië was 70,6% in de jaren 1970, en was vergelijkbaar met Guyana (70,6%), Centraal-Amerika (70,6%), Honduras (70,7%).

De huishoudelijke uitgaven per hoofd in Zuid-Azië was $154,4 in de jaren 1970s, en was vergelijkbaar met Soedan (US$154,8), Haïti (US$151,1). De huishoudelijke uitgaven per hoofd in Zuid-Azië was in 5,9 keer lager dan de huishoudelijke uitgaven per hoofd van de bevolking in de wereld ($914,8), en was 45,3% lager dan de huishoudelijke uitgaven per hoofd van de bevolking in Azië ($914,8).

De groei van de huishoudelijke uitgaven in Zuid-Azië bedroeg 3.3% in de jaren 1970, en was vergelijkbaar met Liberia (3,3%), Finland (3,3%), Zuid-Afrika (3,3%). De groei van de huishoudelijke uitgaven in Zuid-Azië (3,3%) was minder dan de groei van de huishoudelijke uitgaven in de wereld (4,1%), was minder dan de groei van de huishoudelijke uitgaven in Azië (5,2%).

Vergelijking met subregio's. De huishoudelijke uitgaven van Zuid-Azië was groter dan in Zuidwest-Azië (US$77,4 miljard) en in Zuidoost-Azië (US$57,2 miljard); maar minder dan in Oost-Azië (US$393,6 miljard). De huishoudelijke uitgaven per hoofd in Zuid-Azië was in Zuid-Azië minder dan in Zuidwest-Azië (US$917,3), in Oost-Azië (US$359,2) en in Zuidoost-Azië (US$181,2). De groei van de huishoudelijke uitgaven in Zuid-Azië was minder dan in Zuidwest-Azië (6,5%), in Zuidoost-Azië (6,0%) en in Oost-Azië (5,3%).

Leiders. De huishoudelijke uitgaven van Zuid-Azië in de jaren 1970 bestond uit: India (61,0%), Iran (17,4%), Pakistan (10,3%), Bangladesh (6,3%), Sri Lanka (2,4%), en andere (2,6%). Het aandeel van de huishoudelijke uitgaven in BBP van de leiders: Bangladesh (91,2%), Pakistan (83,5%), Sri Lanka (80,3%), India (77,8%) en Iran (45,8%). De huishoudelijke uitgaven per hoofd in Zuid-Azië onder de leiders: Iran ($682,6), Sri Lanka ($222,8), Pakistan ($197,7), India ($126,1) en Bangladesh ($114,9). De groei van de huishoudelijke uitgaven onder de leiders: Iran (10,6%), Pakistan (5,3%), Sri Lanka (5,0%), India (2,7%) en Bangladesh (-2,5%).

de jaren 1980

De huishoudelijke uitgaven van Zuid-Azië bedroeg in de jaren 1980 US$306,7 miljard per jaar. Het aandeel in de wereld was 3,5%, en 16,2% in Azië.

Het aandeel van de huishoudelijke uitgaven in het BBP van Zuid-Azië was 72,9% in de jaren 1980, en was vergelijkbaar met Oeganda (72,9%), India (73,1%), Saint Kitts en Nevis (73,1%).

De huishoudelijke uitgaven per hoofd in Zuid-Azië was $292,4 in de jaren 1980s, en was vergelijkbaar met Niger (US$297,7), Bhutan (US$287,0), Sierra Leone (US$298,0). De huishoudelijke uitgaven per hoofd in Zuid-Azië was in 6,2 keer lager dan de huishoudelijke uitgaven per hoofd van de bevolking in de wereld ($1.808,0), en was in 2,3 keer lager dan de huishoudelijke uitgaven per hoofd van de bevolking in Azië ($1.808,0).

De groei van de huishoudelijke uitgaven in Zuid-Azië bedroeg 4% in de jaren 1980, en was vergelijkbaar met Tuvalu (4,0%), Liechtenstein (4,0%), Nepal (4,0%). De groei van de huishoudelijke uitgaven in Zuid-Azië (4,0%) was groter dan de groei van de huishoudelijke uitgaven in de wereld (3,0%), was minder dan de groei van de huishoudelijke uitgaven in Azië (4,7%).

Vergelijking met subregio's. De huishoudelijke uitgaven van Zuid-Azië was groter dan in Zuidwest-Azië (US$195,5 miljard) en in

Zuidoost-Azië (US$142,0 miljard); maar minder dan in Oost-Azië (US$1,2 biljoen). De huishoudelijke uitgaven per hoofd in Zuid-Azië was in Zuid-Azië minder dan in Zuidwest-Azië (US$1.720,6), in Oost-Azië (US$974,5) en in Zuidoost-Azië (US$358,3). De groei van de huishoudelijke uitgaven in Zuid-Azië was groter dan in Zuidwest-Azië (3,5%); maar minder dan in Oost-Azië (5,0%) en in Zuidoost-Azië (5,0%).

Leiders. De huishoudelijke uitgaven van Zuid-Azië in de jaren 1980 bestond uit: India (57,4%), Iran (23,0%), Pakistan (10,6%), Bangladesh (5,6%), Sri Lanka (1,7%), en andere (1,7%). Het aandeel van de huishoudelijke uitgaven in BBP van de leiders: Bangladesh (86,4%), Pakistan (81,0%), Sri Lanka (79,6%), India (73,1%) en Iran (66,0%). De huishoudelijke uitgaven per hoofd in Zuid-Azië onder de leiders: Iran ($1.516,2), Pakistan ($356,3), Sri Lanka ($329,6), India ($226,8) en Bangladesh ($189,9). De groei van de huishoudelijke uitgaven onder de leiders: Sri Lanka (5,3%), Pakistan (4,8%), India (4,7%), Bangladesh (3,7%) en Iran (0,98%).

de jaren 1990

De huishoudelijke uitgaven van Zuid-Azië bedroeg in de jaren 1990 US$394,8 miljard per jaar, en was vergelijkbaar met Brazilië (US$387,4 miljard). Het aandeel in de wereld was 2,3%, en 9,4% in Azië.

Het aandeel van de huishoudelijke uitgaven in het BBP van Zuid-Azië was 65,6% in de jaren 1990, en was vergelijkbaar met Jamaica (65,7%), Nieuw-Caledonië (65,8%), Liberia (65,4%).

De huishoudelijke uitgaven per hoofd in Zuid-Azië was $301,5 in de jaren 1990s, en was vergelijkbaar met Kirgizië (US$303,4), Equatoriaal-Guinea (US$298,3), Benin (US$307,7). De huishoudelijke uitgaven per hoofd in Zuid-Azië was in 9,8 keer lager dan de huishoudelijke uitgaven per hoofd van de bevolking in de wereld ($2.963,9), en was in 4,0 keer lager dan de huishoudelijke uitgaven per hoofd van de bevolking in Azië ($2.963,9).

De groei van de huishoudelijke uitgaven in Zuid-Azië bedroeg 4.5% in de jaren 1990. De groei van de huishoudelijke uitgaven in Zuid-Azië (4,5%) was groter dan de groei van de huishoudelijke uitgaven in de wereld (3,0%), was groter dan de groei van de huishoudelijke uitgaven in Azië (4,4%).

Vergelijking met subregio's. De huishoudelijke uitgaven van Zuid-Azië was groter dan in Zuidwest-Azië (US$372,3 miljard), in Zuidoost-Azië (US$314,1 miljard) en in Centraal-Azië (US$32,0 miljard); maar minder dan in Oost-Azië (US$3,1 biljoen). De huishoudelijke uitgaven per hoofd in Zuid-Azië was in Zuid-Azië minder dan in Zuidwest-Azië (US$2,3 duizend), in Oost-Azië (US$2,1 duizend), in Zuidoost-Azië (US$652,5) en in Centraal-Azië (US$606,4). De groei van de huishoudelijke uitgaven in Zuid-Azië was groter dan in Zuidwest-Azië (4,3%), in Oost-Azië (4,0%) en in Centraal-Azië (-5,6%); maar minder dan in Zuidoost-Azië (5,8%).

Leiders. De huishoudelijke uitgaven van Zuid-Azië in de jaren 1990 bestond uit: India (59,3%), Iran (15,7%), Pakistan (13,2%), Bangladesh (7,4%), Sri Lanka (2,7%), en andere (1,7%). Het aandeel van de huishoudelijke uitgaven in BBP van de leiders: Bangladesh (80,9%), Pakistan (75,8%), Sri Lanka (74,3%), India (64,9%) en Iran (54,6%). De huishoudelijke uitgaven per hoofd in Zuid-Azië onder de leiders: Iran ($1.015,1), Sri Lanka ($592,2), Pakistan ($424,8), Bangladesh ($255,7) en India ($245,2). De groei van de huishoudelijke uitgaven onder de leiders: Sri Lanka (5,4%), Pakistan (4,9%), India (4,8%), Iran (4,0%) en Bangladesh (2,5%).

de jaren 2000

De huishoudelijke uitgaven van Zuid-Azië bedroeg in de jaren 2000 US$762,2 miljard per jaar. Het aandeel in de wereld was 2,8%, en 11,7% in Azië.

Het aandeel van de huishoudelijke uitgaven in het BBP van Zuid-Azië was 58,8% in de jaren 2000, en was vergelijkbaar met de Wereld (58,6%), Hongkong (58,9%), Melanesië (58,5%).

De huishoudelijke uitgaven per hoofd in Zuid-Azië was $484,0 in de jaren 2000s, en was vergelijkbaar met Zambia (US$485,5), Vietnam (US$480,4), Kenia (US$491,3). De huishoudelijke uitgaven per hoofd in Zuid-Azië was in 8,7 keer lager dan de huishoudelijke uitgaven per hoofd van de bevolking in de wereld ($4.208,2), en was in 3,4 keer lager dan de huishoudelijke uitgaven per hoofd van de bevolking in Azië ($4.208,2).

De groei van de huishoudelijke uitgaven in Zuid-Azië bedroeg 5% in de jaren 2000, en was vergelijkbaar met Egypte (5,0%), Singapore (5,1%). De groei van de huishoudelijke uitgaven in Zuid-Azië (5,0%) was groter dan de groei van de huishoudelijke uitgaven in de wereld (3,0%), was groter dan de groei van de huishoudelijke uitgaven in Azië (4,4%).

Vergelijking met subregio's. De huishoudelijke uitgaven van Zuid-Azië was groter dan in Zuidwest-Azië (US$738,8 miljard), in Zuidoost-Azië (US$582,4 miljard) en in Centraal-Azië (US$52,4 miljard); maar minder dan in Oost-Azië (US$4,4 biljoen). De huishoudelijke uitgaven per hoofd in Zuid-Azië was in Zuid-Azië minder dan in Zuidwest-Azië (US$3,6 duizend), in Oost-Azië (US$2,8 duizend), in Zuidoost-Azië (US$1.044,6) en in Centraal-Azië (US$898,4). De groei van de huishoudelijke uitgaven in Zuid-Azië was groter dan in Zuidoost-Azië (4,9%) en in Oost-Azië (4,0%); maar minder dan in Centraal-Azië (5,7%) en in Zuidwest-Azië (5,1%).

Leiders. De huishoudelijke uitgaven van Zuid-Azië in de jaren 2000 bestond uit: India (63,4%), Iran (13,6%), Pakistan (11,8%), Bangladesh (6,4%), Sri Lanka (2,8%), en andere (2,0%). Het aandeel van de huishoudelijke uitgaven in BBP van de leiders: Pakistan (78,6%), Bangladesh (75,2%), Sri Lanka (72,2%), India (58,2%) en Iran (43,3%). De huishoudelijke uitgaven per hoofd in Zuid-Azië onder de leiders: Iran ($1.498,6), Sri Lanka ($1.092,8), Pakistan ($566,6), India ($424,8) en Bangladesh ($353,9). De groei van de huishoudelijke uitgaven onder de leiders: Iran (6,3%), India (5,2%), Sri Lanka (4,6%), Bangladesh (4,2%) en Pakistan (3,3%).

de jaren 2010

De huishoudelijke uitgaven van Zuid-Azië bedroeg in de jaren 2010 US$1,9 biljoen per jaar, en was vergelijkbaar met Duitsland (US$2,0 biljoen). Het aandeel in de wereld was 4,4%, en 14,8% in Azië.

Het aandeel van de huishoudelijke uitgaven in het BBP van Zuid-Azië was 59,4% in de jaren 2010, en was vergelijkbaar met de Salomonseilanden (59,3%), Polen (59,7%), Papoea-Nieuw-Guinea (59,7%).

De huishoudelijke uitgaven per hoofd in Zuid-Azië was $1.069,7 in de jaren 2010s, en was vergelijkbaar met de Salomonseilanden (US$1.067,1), Kenia (US$1.095,0). De huishoudelijke uitgaven per hoofd in Zuid-Azië was in 5,6 keer lager dan de huishoudelijke uitgaven per hoofd van de bevolking in de wereld ($6.018,5), en was in 2,8 keer lager dan de huishoudelijke uitgaven per hoofd van de bevolking in Azië ($6.018,5).

De groei van de huishoudelijke uitgaven in Zuid-Azië bedroeg 5.7% in de jaren 2010, en was vergelijkbaar met Qatar (5,7%), de Filipijnen (5,7%), Niger (5,7%). De groei van de huishoudelijke uitgaven in Zuid-Azië (5,7%) was groter dan de groei van de huishoudelijke uitgaven in de wereld (2,8%), was groter dan de groei van de huishoudelijke uitgaven in Azië (4,9%).

Vergelijking met subregio's. De huishoudelijke uitgaven van Zuid-Azië was 31,7% groter dan in Zuidwest-Azië (US$1,5 biljoen), 35,7% groter dan in Zuidoost-Azië (US$1,4 biljoen) en 13,3 keer groter dan in Centraal-Azië (US$146,5 miljard); maar 4,2 keer minder dan in Oost-Azië (US$8,1 biljoen). De huishoudelijke uitgaven per hoofd in Zuid-Azië was in Zuid-Azië5,4 keer minder dan in Zuidwest-Azië (US$5,8 duizend), 4,6 keer minder dan in Oost-Azië (US$5,0 duizend), 2,1 keer minder dan in Zuidoost-Azië (US$2,3 duizend) en 2,0 keer minder dan in Centraal-Azië (US$2,2 duizend). De groei van de huishoudelijke uitgaven in Zuid-Azië was groter dan in Zuidoost-Azië (5,2%), in Oost-Azië (4,8%) en in Zuidwest-Azië (3,9%); maar minder dan in Centraal-Azië (6,6%).

Leiders. De huishoudelijke uitgaven van Zuid-Azië in de jaren 2010 bestond uit: India (66,3%), Iran (11,9%), Pakistan (10,3%), Bangladesh (7,0%), Sri Lanka (2,7%), en andere (1,8%). Het aandeel van de huishoudelijke uitgaven in BBP van de leiders: Pakistan (81,2%), Bangladesh (71,1%), Sri Lanka (68,2%), India (58,3%) en Iran (46,1%). De huishoudelijke uitgaven per hoofd in Zuid-Azië onder de leiders: Iran ($2.963,2), Sri Lanka ($2.512,7), Pakistan ($1.009,9), India ($989,3) en Bangladesh ($881,1). De groei van de huishoudelijke uitgaven onder de leiders: India (6,8%), Sri Lanka (5,7%), Bangladesh (5,5%), Pakistan (4,9%) en Iran (-0,066%).

Hoofdstuk XIV. Voedsel consumptie

Tijdens de onderzoeksperiode groeide de voedselconsumptie in noten (in 3,6 keer), eieren (in 3,2 keer), alcoholische dranken (in 2,6 keer), melk (in 2,1 keer), plantaardige oliën (in 2,0 keer), fruit (met 94,4%), specerijen (met 93,8%), vis (met 86,5%), groenten (met 86,2%), zetmeelrijke wortels (met 83,8%), stimulerende middelen (met 58,5%), vlees (met 45,4%), suiker (met 11,3%), granen (met 2,7%), maar daalde in peulvruchten (met 9,3%).

Dit zijn de correlatiecoëfficiënten tussen het bni per hoofd van de bevolking in constante prijzen en de voedselconsumptie: zetmeelrijke wortels (0.995), groenten (0.994), noten (0.985), specerijen (0.983), fruit (0.973), stimulerende middelen (0.962), melk (0.961), eieren (0.959), suiker (0.954), vis (0.951), alcoholische dranken (0.945), vlees (0.913), plantaardige oliën (0.874), granen (0.034), peulvruchten (-0.137).

de jaren 1970

De consumptie van kcal in Zuid-Azië was 2.075,0 kcal/hoofd/dag in the 1970s, and was on a par with Centraal-Afrika (2.071,2 kcal/hoofd/dag), Guatemala (2.070,3 kcal/hoofd/dag), Azië (2.080,9 kcal/hoofd/dag). De consumptie van kcal in Zuid-Azië was minder dan in de wereld (2.403,2 kcal/hoofd/dag), en was minder dan in Azië (2.080,9 kcal/hoofd/dag). De structuur van de consumptie: granen (66.4%), suiker (9.1%), peulvruchten (6%), plantaardige oliën (5%), melk (3.5%), en anderen (10%).

De consumptie van eiwitten in Zuid-Azië was 51,3 g/hoofd/dag in the 1970s, and was on a par with Honduras (51,3 g/hoofd/dag), Gambia (51,5 g/hoofd/dag), Saint Lucia (51,7 g/hoofd/dag). De consumptie van eiwitten in Zuid-Azië was minder dan in de wereld (65,0 g/hoofd/dag), en was minder dan in Azië (52,3 g/hoofd/dag). De structuur van de consumptie: granen (63.6%), peulvruchten (14.2%), melk (8.1%), vlees (3.5%), groenten (3%), en anderen (7.6%).

De consumptie van vet in Zuid-Azië was 31,5 g/hoofd/dag in the 1970s, and was on a par with Oost-Afrika (31,5 g/hoofd/dag), India (31,3 g/hoofd/dag), Togo (31,6 g/hoofd/dag). De consumptie van vet in Zuid-Azië was minder dan in de wereld (55,1 g/hoofd/dag), en was minder dan in Azië (31,8 g/hoofd/dag). De structuur van de consumptie: plantaardige oliën (37.4%), granen (20.6%), melk (12.4%), vlees (5%), peulvruchten (3.5%), en anderen (21.1%).

Dit zijn niveaus van voedselconsumptie: granen (151,3 kg/hoofd/jr), groenten (41,9 kg/hoofd/jr), melk (40,1 kg/hoofd/jr), fruit (26,4 kg/hoofd/jr), suiker (19,5 kg/hoofd/jr), zetmeelrijke wortels (17,3 kg/hoofd/jr), peulvruchten (13,0 kg/hoofd/jr), vlees (4,8 kg/hoofd/jr), plantaardige oliën (4,3 kg/hoofd/jr), vis (3,5 kg/hoofd/jr), specerijen (1,3 kg/hoofd/jr), eieren (0,80 kg/hoofd/jr), alcoholische dranken (0,56 kg/hoofd/jr), stimulerende middelen (0,54 kg/hoofd/jr), noten (0,49 kg/hoofd/jr).

de jaren 1980

De consumptie van kcal in Zuid-Azië was 2.187,5 kcal/hoofd/dag in the 1980s, and was on a par with Guinee-Bissau (2.184,0 kcal/hoofd/dag), Zuidoost-Azië (2.194,1 kcal/hoofd/dag), Kenia (2.179,6 kcal/hoofd/dag). De consumptie van kcal in Zuid-Azië was minder dan in de wereld (2.572,3 kcal/hoofd/dag), en was minder dan in Azië (2.333,4 kcal/hoofd/dag). De structuur van de consumptie: granen (65.5%), suiker (8.8%), plantaardige oliën (6.1%), peulvruchten (4.9%), melk (4.2%), en anderen (10.5%).

De consumptie van eiwitten in Zuid-Azië was 53,6 g/hoofd/dag in the 1980s, and was on a par with Bolivia (53,7 g/hoofd/dag), Peru (53,5 g/hoofd/dag), Zimbabwe (53,8 g/hoofd/dag). De consumptie van eiwitten in Zuid-Azië was minder dan in de wereld (69,1 g/hoofd/dag), en was minder dan in Azië (58,8 g/hoofd/dag). De structuur van de consumptie: granen (63.5%), peulvruchten (11.8%), melk (9.7%), vlees (3.7%), groenten (3.1%), en anderen (8.2%).

De consumptie van vet in Zuid-Azië was 36,7 g/hoofd/dag in the 1980s, and was on a par with Ghana (36,7 g/hoofd/dag), Thailand (36,8 g/hoofd/dag), Burkina Faso (36,4 g/hoofd/dag). De consumptie van vet in Zuid-Azië was minder dan in de wereld (63,2 g/hoofd/dag), en was minder dan in Azië (42,6 g/hoofd/dag). De structuur van de consumptie: plantaardige oliën (41.3%), granen (17.6%), melk (14.2%), vlees (4.9%), peulvruchten (2.3%), en anderen (19.7%).

Dit zijn niveaus van voedselconsumptie: granen (157,1 kg/hoofd/jr), melk (49,5 kg/hoofd/jr), groenten (47,5 kg/hoofd/jr), fruit (29,6 kg/hoofd/jr), suiker (20,0 kg/hoofd/jr), zetmeelrijke wortels (18,5 kg/hoofd/jr), peulvruchten (11,2 kg/hoofd/jr), plantaardige oliën (5,6 kg/hoofd/jr), vlees (5,4 kg/hoofd/jr), vis (3,6 kg/hoofd/jr), specerijen (1,5 kg/hoofd/jr), eieren (1,1 kg/hoofd/jr), alcoholische dranken (0,70 kg/hoofd/jr), stimulerende middelen (0,62 kg/hoofd/jr), noten (0,60 kg/hoofd/jr).

de jaren 1990

De consumptie van kcal in Zuid-Azië was 2.328,8 kcal/hoofd/dag in the 1990s, and was on a par with Georgië (2.324,0 kcal/hoofd/dag), India (2.319,2 kcal/hoofd/dag), Irak (2.308,8 kcal/hoofd/dag). De consumptie van kcal in Zuid-Azië was minder dan in de wereld (2.652,6 kcal/hoofd/dag), en was minder dan in Azië (2.494,1 kcal/hoofd/dag). De structuur van de consumptie: granen (63.4%), suiker (8.4%), plantaardige oliën (7.4%), melk (4.6%), peulvruchten (4.3%), en anderen (11.9%).

De consumptie van eiwitten in Zuid-Azië was 56,4 g/hoofd/dag in the 1990s, and was on a par with Nepal (56,5 g/hoofd/dag), Thailand (56,2 g/hoofd/dag), Namibië (56,8 g/hoofd/dag). De consumptie van eiwitten in Zuid-Azië was minder dan in de wereld (72,1 g/hoofd/dag), en was minder dan in Azië (65,3 g/hoofd/dag). De structuur van de consumptie: granen (62%), melk (10.9%), peulvruchten (10.6%), vlees (3.9%), groenten (3.2%), en anderen (9.4%).

De consumptie van vet in Zuid-Azië was 43,6 g/hoofd/dag in the 1990s, and was on a par with Nicaragua (43,6 g/hoofd/dag), de Filipijnen (43,7 g/hoofd/dag), Swaziland (43,5 g/hoofd/dag). De consumptie van vet in Zuid-Azië was minder dan in de wereld (69,0 g/hoofd/dag), en was minder dan in Azië (54,3 g/hoofd/dag). De structuur van de consumptie: plantaardige oliën (44.6%), granen (14.4%), melk (13.1%), vlees (4.4%), peulvruchten (1.8%), en anderen (21.7%).

Dit zijn niveaus van voedselconsumptie: granen (162,0 kg/hoofd/jr), melk (59,7 kg/hoofd/jr), groenten (51,7 kg/hoofd/jr), fruit (36,3 kg/hoofd/jr), suiker (20,5 kg/hoofd/jr), zetmeelrijke wortels (20,4 kg/hoofd/jr), peulvruchten (10,6 kg/hoofd/jr), plantaardige oliën (7,2 kg/hoofd/jr), vlees (6,0 kg/hoofd/jr), vis (4,6 kg/hoofd/jr), specerijen (1,7 kg/hoofd/jr), eieren (1,5 kg/hoofd/jr), alcoholische dranken (1,0 kg/hoofd/jr), noten (0,94 kg/hoofd/jr), stimulerende middelen (0,68 kg/hoofd/jr).

de jaren 2000

De consumptie van kcal in Zuid-Azië was 2.368,8 kcal/hoofd/dag in the 2000s, and was on a par with Sri Lanka (2.368,0 kcal/hoofd/dag), Pakistan (2.362,8 kcal/hoofd/dag), Nicaragua (2.362,7 kcal/hoofd/dag). De consumptie van kcal in Zuid-Azië was minder dan in de wereld (2.765,9 kcal/hoofd/dag), en was minder dan in Azië (2.619,0 kcal/hoofd/dag). De structuur van de consumptie: granen (60.3%), suiker (8.6%), plantaardige oliën (8.4%), melk (4.8%), peulvruchten (4%), en anderen (13.9%).

De consumptie van eiwitten in Zuid-Azië was 57,3 g/hoofd/dag in the 2000s, and was on a par with Cambodja (57,2 g/hoofd/dag), Ecuador (57,1 g/hoofd/dag), de Filipijnen (57,0 g/hoofd/dag). De consumptie van eiwitten in Zuid-Azië was minder dan in de wereld (76,5 g/hoofd/dag), en was minder dan in Azië (70,9 g/hoofd/dag). De structuur van de consumptie: granen (59.1%), melk (12.3%), peulvruchten (9.9%), vlees (4.1%), groenten (3.8%), en anderen (10.8%).

De consumptie van vet in Zuid-Azië was 48,4 g/hoofd/dag in the 2000s, and was on a par with de Filipijnen (48,4 g/hoofd/dag), Indonesië (48,6 g/hoofd/dag), Benin (48,3 g/hoofd/dag). De consumptie van vet in Zuid-Azië was minder dan in de wereld (76,9 g/hoofd/dag), en was minder dan in Azië (64,4 g/hoofd/dag). De structuur van de consumptie: plantaardige oliën (46.5%), granen (12.3%), melk (11%), vlees (4%), peulvruchten (1.5%), en anderen (24.7%).

Dit zijn niveaus van voedselconsumptie: granen (157,3 kg/hoofd/jr), melk (70,9 kg/hoofd/jr), groenten (61,9 kg/hoofd/jr), fruit (42,8 kg/hoofd/jr), zetmeelrijke wortels (25,7 kg/hoofd/jr), suiker (21,2 kg/hoofd/jr), peulvruchten (10,0 kg/hoofd/jr), plantaardige oliën (8,3 kg/hoofd/jr), vlees (6,4 kg/hoofd/jr), vis (5,8 kg/hoofd/jr), eieren (2,1 kg/hoofd/jr), specerijen (2,1 kg/hoofd/jr), noten (1,2 kg/hoofd/jr), alcoholische dranken (1,2 kg/hoofd/jr), stimulerende middelen (0,74 kg/hoofd/jr).

de jaren 2010

De consumptie van kcal in Zuid-Azië was 2.470,5 kcal/hoofd/dag in the 2010s, and was on a par with Mongolië (2.470,5 kcal/hoofd/dag), Saint Kitts en Nevis (2.481,5 kcal/hoofd/dag), India (2.447,8 kcal/hoofd/dag). De consumptie van kcal in Zuid-Azië was minder dan in de wereld (2.869,3 kcal/hoofd/dag), en was minder dan in Azië (2.759,8 kcal/hoofd/dag). De structuur van de consumptie: granen (57.2%), plantaardige oliën (8.6%), suiker (8.5%), melk (5.5%), peulvruchten (4.6%), en anderen (15.6%).

De consumptie van eiwitten in Zuid-Azië was 61,1 g/hoofd/dag in the 2010s, and was on a par with Indonesië (61,2 g/hoofd/dag), Centraal-Afrika (61,2 g/hoofd/dag), Ethiopië (61,4 g/hoofd/dag). De consumptie van eiwitten in Zuid-Azië was minder dan in de wereld (80,6 g/hoofd/dag), en was minder dan in Azië (76,7 g/hoofd/dag). De structuur van de consumptie: granen (54.6%), melk (13.6%), peulvruchten (11%), groenten (4.5%), vlees (4.1%), en anderen (12.2%).

De consumptie van vet in Zuid-Azië was 53,1 g/hoofd/dag in de 2010s, and was on a par with Centraal-Afrika (53,2 g/hoofd/dag), Nepal (52,6 g/hoofd/dag). De consumptie van vet in Zuid-Azië was minder dan in de wereld (82,4 g/hoofd/dag), en was minder dan in Azië (72,1 g/hoofd/dag). De structuur van de consumptie: plantaardige oliën (45.2%), melk (12%), granen (11%), vlees (3.7%), peulvruchten

(1.7%), en anderen (26.4%).

Dit zijn niveaus van voedselconsumptie: granen (155,4 kg/hoofd/jr), melk (85,0 kg/hoofd/jr), groenten (78,0 kg/hoofd/jr), fruit (51,3 kg/hoofd/jr), zetmeelrijke wortels (31,7 kg/hoofd/jr), suiker (21,7 kg/hoofd/jr), peulvruchten (11,9 kg/hoofd/jr), plantaardige oliën (8,9 kg/hoofd/jr), vlees (6,9 kg/hoofd/jr), vis (6,5 kg/hoofd/jr), eieren (2,6 kg/hoofd/jr), specerijen (2,5 kg/hoofd/jr), noten (1,8 kg/hoofd/jr), alcoholische dranken (1,5 kg/hoofd/jr), stimulerende middelen (0,86 kg/hoofd/jr).

Part V. Reproductie

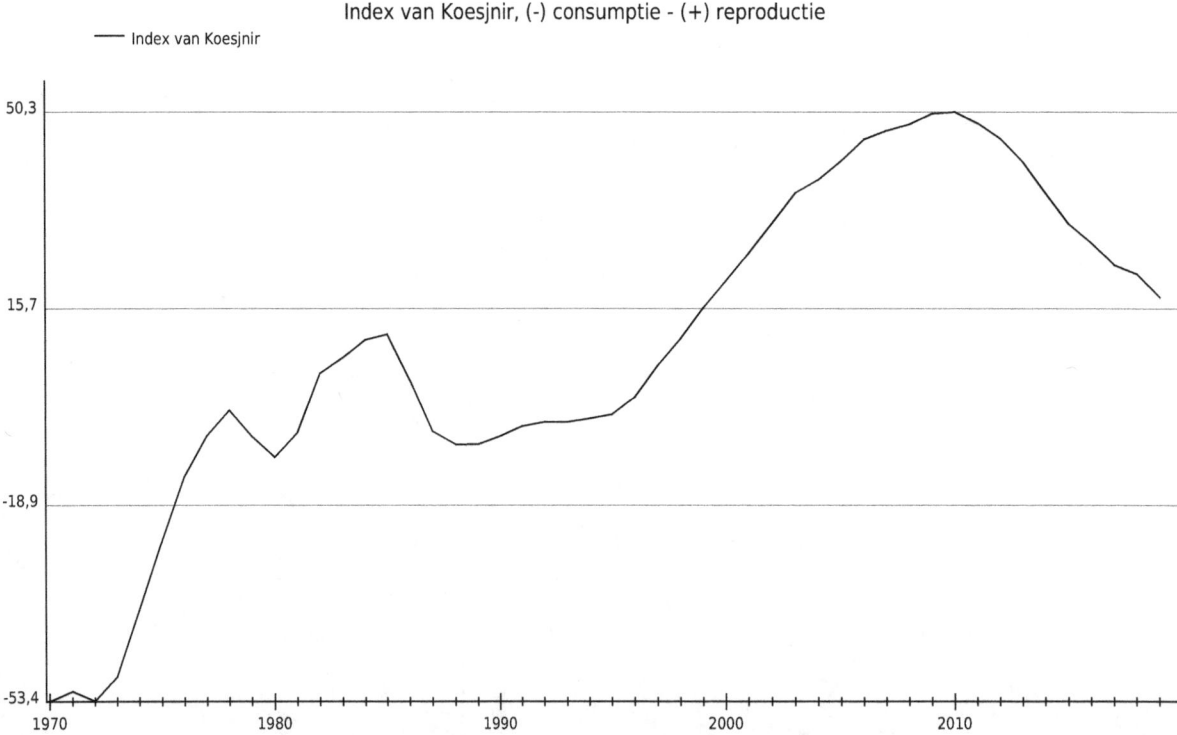

Index van Koesjnir, (-) consumptie - (+) reproductie

Hoofdstuk XV. Bruto-investeringen in vaste activa

De bruto-investeringen in vaste activa van Zuid-Azië steeg van US$42,0 miljard per jaar in de jaren 1970 tot US$937,8 miljard per jaar in de jaren 2010, dat wil zeggen met US$895,8 miljard of 22,3 keer. De verandering vond plaats op US$594,4 miljard als gevolg van een 2,7-voudige stijging van de prijzen, en ook op US$251,0 miljard als gevolg van een 3,7-voudige toename van het tarief per hoofd , evenals op US$50,4 miljard als gevolg van de toename van de bevolking. De gemiddelde jaarlijkse groei van de investeringen in vaste activa is 5,7%. De minimumwaarde van de investeringen in vaste activa bedroeg US$16,5 miljard in 1970. De maximumwaarde van de investeringen in vaste activa bedroeg US$1,1 biljoen in 2019.

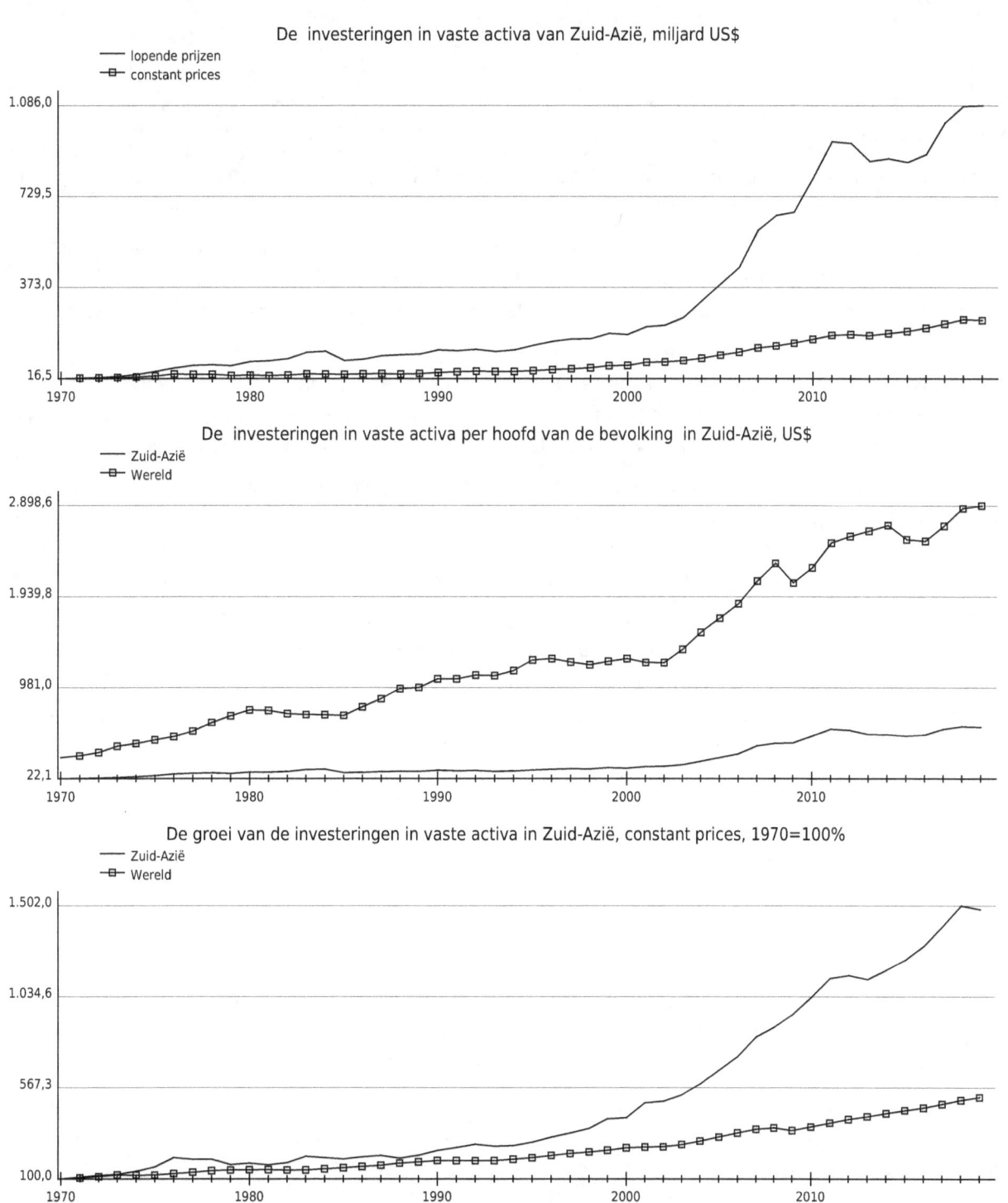

De investeringen in vaste activa van Zuid-Azië, miljard US$

De investeringen in vaste activa per hoofd van de bevolking in Zuid-Azië, US$

De groei van de investeringen in vaste activa in Zuid-Azië, constant prices, 1970=100%

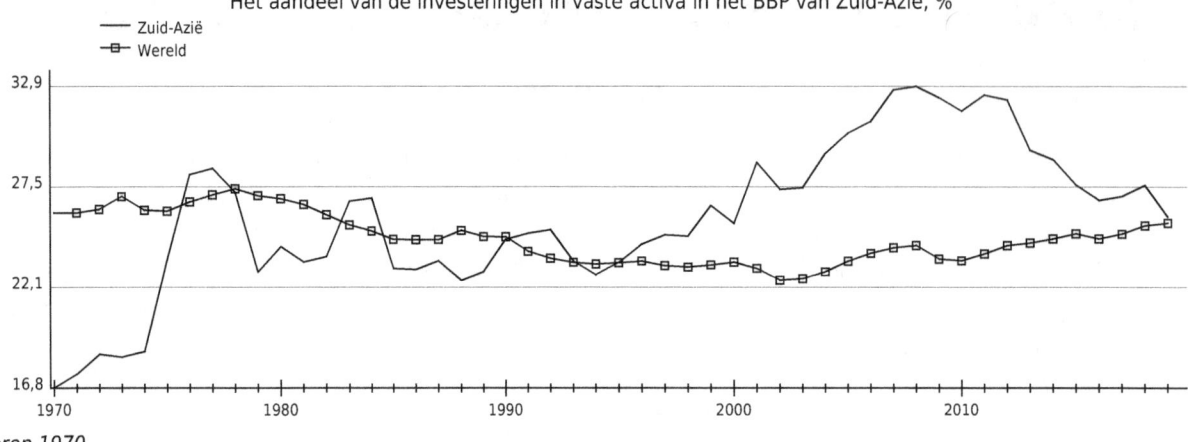

Het aandeel van de investeringen in vaste activa in het BBP van Zuid-Azië, %

de jaren 1970

De bruto-investeringen in vaste activa van Zuid-Azië bedroeg in de jaren 1970 US$42,0 miljard per jaar. Het aandeel in de wereld was 2,4%, en 12,0% in Azië.

Het aandeel van de investeringen in vaste activa in het BBP van Zuid-Azië was 23,3% in de jaren 1970, en was vergelijkbaar met Luxemburg (23,3%), Togo (23,2%), Canada (23,2%).

De investeringen in vaste activa per hoofd in Zuid-Azië was $50,9 in de jaren 1970s, en was vergelijkbaar met Malawi (US$51,4). De investeringen in vaste activa per hoofd in Zuid-Azië was in 8,5 keer lager dan de investeringen in vaste activa per hoofd van de bevolking in de wereld ($433,5), en was in 3,0 keer lager dan de investeringen in vaste activa per hoofd van de bevolking in Azië ($433,5).

De groei van de investeringen in vaste activa in Zuid-Azië bedroeg 6.3% in de jaren 1970, en was vergelijkbaar met Polynesië (6,3%), Peru (6,3%), IJsland (6,4%). De groei van de investeringen in vaste activa in Zuid-Azië (6,3%) was groter dan de groei van de investeringen in vaste activa in de wereld (4,2%), was groter dan de groei van de investeringen in vaste activa in Azië (6,2%).

Vergelijking met subregio's. De investeringen in vaste activa van Zuid-Azië was groter dan in Zuidwest-Azië (US$37,9 miljard) en in Zuidoost-Azië (US$19,8 miljard); maar minder dan in Oost-Azië (US$251,1 miljard). De bruto-investeringen in vaste activa per hoofd in Zuid-Azië was in Zuid-Azië minder dan in Zuidwest-Azië (US$449,0), in Oost-Azië (US$229,2) en in Zuidoost-Azië (US$62,7). De groei van de investeringen in vaste activa in Zuid-Azië was groter dan in Oost-Azië (5,1%); maar minder dan in Zuidwest-Azië (12,1%) en in Zuidoost-Azië (10,7%).

Leiders. De bruto-investeringen in vaste activa van Zuid-Azië in de jaren 1970 bestond uit: Iran (47,0%), India (42,9%), Pakistan (5,4%), Bangladesh (2,3%), Sri Lanka (1,3%), en andere (1,1%). Het aandeel van de investeringen in vaste activa in BBP van de leiders: Iran (40,8%), India (18,0%), Pakistan (14,6%), Sri Lanka (14,5%) en Bangladesh (11,1%). De bruto-investeringen in vaste activa per hoofd in Zuid-Azië onder de leiders: Iran ($607,9), Sri Lanka ($40,2), Pakistan ($34,5), India ($29,2) en Bangladesh ($14,0). De groei van de investeringen in vaste activa onder de leiders: Bangladesh (11,5%), Iran (8,2%), Sri Lanka (7,5%), India (4,7%) en Pakistan (4,1%).

de jaren 1980

De investeringen in vaste activa van Zuid-Azië bedroeg in de jaren 1980 US$101,2 miljard per jaar. Het aandeel in de wereld was 2,6%, en 10,2% in Azië.

Het aandeel van de investeringen in vaste activa in het BBP van Zuid-Azië was 24,1% in de jaren 1980, en was vergelijkbaar met Duitsland (24,1%), Saint Vincent en de Grenadines (24,1%), Fiji (23,9%).

De investeringen in vaste activa per hoofd in Zuid-Azië was $96,5 in de jaren 1980s. De bruto-investeringen in vaste activa per hoofd in Zuid-Azië was in 8,2 keer lager dan de investeringen in vaste activa per hoofd van de bevolking in de wereld ($790,9), en was in 3,6 keer lager dan de investeringen in vaste activa per hoofd van de bevolking in Azië ($790,9).

De groei van de investeringen in vaste activa in Zuid-Azië bedroeg 2.5% in de jaren 1980, en was vergelijkbaar met Frankrijk (2,4%). De groei van de investeringen in vaste activa in Zuid-Azië (2,5%) was minder dan de groei van de investeringen in vaste activa in de wereld (2,5%), was minder dan de groei van de investeringen in vaste activa in Azië (4,8%).

Vergelijking met subregio's. De investeringen in vaste activa van Zuid-Azië was groter dan in Zuidwest-Azië (US$88,7 miljard) en in Zuidoost-Azië (US$63,6 miljard); maar minder dan in Oost-Azië (US$737,1 miljard). De investeringen in vaste activa per hoofd in Zuid-Azië was in Zuid-Azië minder dan in Zuidwest-Azië (US$780,4), in Oost-Azië (US$576,9) en in Zuidoost-Azië (US$160,4). De groei van de investeringen in vaste activa in Zuid-Azië was groter dan in Zuidwest-Azië (-0,73%); maar minder dan in Zuidoost-Azië (6,9%) en in Oost-Azië (5,6%).

Leiders. De investeringen in vaste activa van Zuid-Azië in de jaren 1980 bestond uit: India (52,9%), Iran (34,7%), Pakistan (6,4%), Bangladesh (3,6%), Sri Lanka (1,4%), en andere (1,0%). Het aandeel van de investeringen in vaste activa in BBP van de leiders: Iran (32,9%), India (22,2%), Sri Lanka (22,0%), Bangladesh (18,2%) en Pakistan (16,1%). De bruto-investeringen in vaste activa per hoofd in Zuid-Azië onder de leiders: Iran ($755,4), Sri Lanka ($91,0), Pakistan ($70,9), India ($68,9) en Bangladesh ($40,0). De groei van de investeringen in vaste activa onder de leiders: India (5,4%), Pakistan (4,9%), Bangladesh (4,2%), Sri Lanka (0,51%) en Iran (-2,9%).

de jaren 1990

De bruto-investeringen in vaste activa van Zuid-Azië bedroeg in de jaren 1990 US$148,0 miljard per jaar, en was vergelijkbaar met Zuidwest-Azië (US$146,5 miljard). Het aandeel in de wereld was 2,2%, en 6,5% in Azië.

Het aandeel van de investeringen in vaste activa in het BBP van Zuid-Azië was 24,6% in de jaren 1990, en was vergelijkbaar met San Marino (24,6%), de Filipijnen (24,6%), Australië (24,6%).

De bruto-investeringen in vaste activa per hoofd in Zuid-Azië was $113,0 in de jaren 1990s, en was vergelijkbaar met Armenië (US$112,3), Moldavië (US$115,0). De bruto-investeringen in vaste activa per hoofd in Zuid-Azië was in 10,5 keer lager dan de investeringen in vaste activa per hoofd van de bevolking in de wereld ($1.183,8), en was in 5,9 keer lager dan de investeringen in vaste activa per hoofd van de bevolking in Azië ($1.183,8).

De groei van de investeringen in vaste activa in Zuid-Azië bedroeg 6.3% in de jaren 1990, en was vergelijkbaar met Vanuatu (6,3%), Grenada (6,3%), Jemen (6,3%). De groei van de investeringen in vaste activa in Zuid-Azië (6,3%) was groter dan de groei van de investeringen in vaste activa in de wereld (2,8%), was groter dan de groei van de investeringen in vaste activa in Azië (4,3%).

Vergelijking met subregio's. De investeringen in vaste activa van Zuid-Azië was groter dan in Zuidwest-Azië (US$146,5 miljard) en in Centraal-Azië (US$12,1 miljard); maar minder dan in Oost-Azië (US$1,8 biljoen) en in Zuidoost-Azië (US$171,1 miljard). De investeringen in vaste activa per hoofd in Zuid-Azië was in Zuid-Azië minder dan in Oost-Azië (US$1.245,8), in Zuidwest-Azië (US$890,4), in Zuidoost-Azië (US$355,4) en in Centraal-Azië (US$228,8). De groei van de investeringen in vaste activa in Zuid-Azië was groter dan in Zuidwest-Azië (4,6%), in Oost-Azië (4,1%), in Zuidoost-Azië (3,6%) en in Centraal-Azië (-12,0%).

Leiders. De bruto-investeringen in vaste activa van Zuid-Azië in de jaren 1990 bestond uit: India (61,7%), Iran (22,8%), Pakistan (7,5%), Bangladesh (4,7%), Sri Lanka (2,2%), en andere (1,0%). Het aandeel van de investeringen in vaste activa in BBP van de leiders: Iran (29,8%), India (25,3%), Sri Lanka (22,2%), Bangladesh (19,5%) en Pakistan (16,1%). De bruto-investeringen in vaste activa per hoofd in Zuid-Azië onder de leiders: Iran ($555,2), Sri Lanka ($176,5), India ($95,7), Pakistan ($90,4) en Bangladesh ($61,5). De groei van de investeringen in vaste activa onder de leiders: India (7,9%), Bangladesh (7,6%), Sri Lanka (6,0%), Iran (4,5%) en Pakistan (1,8%).

de jaren 2000

De bruto-investeringen in vaste activa van Zuid-Azië bedroeg in de jaren 2000 US$396,8 miljard per jaar. Het aandeel in de wereld was 3,6%, en 11,1% in Azië.

Het aandeel van de investeringen in vaste activa in het BBP van Zuid-Azië was 30,6% in de jaren 2000, en was vergelijkbaar met Antigua en Barbuda (30,6%), Iran (30,5%), Zuid-Korea (30,8%).

De bruto-investeringen in vaste activa per hoofd in Zuid-Azië was $252,0 in de jaren 2000s, en was vergelijkbaar met Samoa (US$254,8). De bruto-investeringen in vaste activa per hoofd in Zuid-Azië was in 6,7 keer lager dan de investeringen in vaste activa per hoofd van de bevolking in de wereld ($1.690,7), en was in 3,6 keer lager dan de investeringen in vaste activa per hoofd van de bevolking in Azië ($1.690,7).

De groei van de investeringen in vaste activa in Zuid-Azië bedroeg 8.7% in de jaren 2000, en was vergelijkbaar met Mauritanië (8,7%). De groei van de investeringen in vaste activa in Zuid-Azië (8,7%) was groter dan de groei van de investeringen in vaste activa in de wereld (3,5%), was groter dan de groei van de investeringen in vaste activa in Azië (6,8%).

Vergelijking met subregio's. De bruto-investeringen in vaste activa van Zuid-Azië was groter dan in Zuidwest-Azië (US$335,2 miljard), in Zuidoost-Azië (US$245,1 miljard) en in Centraal-Azië (US$26,6 miljard); maar minder dan in Oost-Azië (US$2,6 biljoen). De bruto-investeringen in vaste activa per hoofd in Zuid-Azië was in Zuid-Azië minder dan in Oost-Azië (US$1.652,2), in Zuidwest-Azië (US$1.642,9), in Centraal-Azië (US$456,7) en in Zuidoost-Azië (US$439,7). De groei van de investeringen in vaste activa in Zuid-Azië was groter dan in Zuidoost-Azië (6,4%) en in Oost-Azië (6,3%); maar minder dan in Centraal-Azië (11,9%) en in Zuidwest-Azië (8,9%).

Leiders. De bruto-investeringen in vaste activa van Zuid-Azië in de jaren 2000 bestond uit: India (70,5%), Iran (18,5%), Pakistan (4,5%), Bangladesh (4,1%), Sri Lanka (1,6%). Het aandeel van de investeringen in vaste activa in BBP van de leiders: India (33,7%), Iran (30,5%), Bangladesh (25,0%), Sri Lanka (21,5%) en Pakistan (15,4%). De investeringen in vaste activa per hoofd in Zuid-Azië onder de leiders: Iran ($1.056,8), Sri Lanka ($325,5), India ($245,8), Bangladesh ($117,5) en Pakistan ($111,4). De groei van de investeringen in vaste activa onder de leiders: India (9,5%), Iran (8,2%), Bangladesh (8,1%), Sri Lanka (6,7%) en Pakistan (4,0%).

de jaren 2010

De investeringen in vaste activa van Zuid-Azië bedroeg in de jaren 2010 US$937,8 miljard per jaar, en was vergelijkbaar met Noord-Europa (US$933,7 miljard). Het aandeel in de wereld was 4,9%, en 10,6% in Azië.

Het aandeel van de investeringen in vaste activa in het BBP van Zuid-Azië was 28,7% in de jaren 2010.

De investeringen in vaste activa per hoofd in Zuid-Azië was $516,4 in de jaren 2010s, en was vergelijkbaar met Ghana (US$517,2), Vietnam (US$515,2), Swaziland (US$513,3). De investeringen in vaste activa per hoofd in Zuid-Azië was in 5,1 keer lager dan de investeringen in vaste activa per hoofd van de bevolking in de wereld ($2.621,1), en was in 3,9 keer lager dan de investeringen in vaste activa per hoofd van de bevolking in Azië ($2.621,1).

De groei van de investeringen in vaste activa in Zuid-Azië bedroeg 4.7% in de jaren 2010. De groei van de investeringen in vaste activa in Zuid-Azië (4,7%) was groter dan de groei van de investeringen in vaste activa in de wereld (4,1%), was minder dan de groei van de investeringen in vaste activa in Azië (6,0%).

Vergelijking met subregio's. De bruto-investeringen in vaste activa van Zuid-Azië was 23,7% groter dan in Zuidwest-Azië (US$758,3 miljard), 32,3% groter dan in Zuidoost-Azië (US$709,0 miljard) en 11,7 keer groter dan in Centraal-Azië (US$80,3 miljard); maar 6,8 keer minder dan in Oost-Azië (US$6,4 biljoen). De investeringen in vaste activa per hoofd in Zuid-Azië was in Zuid-Azië7,5 keer minder dan in Oost-Azië (US$3,9 duizend), 5,8 keer minder dan in Zuidwest-Azië (US$3,0 duizend), 2,3 keer minder dan in Centraal-Azië (US$1.182,3) en 2,2 keer minder dan in Zuidoost-Azië (US$1.125,1). De groei van de investeringen in vaste activa in Zuid-Azië was groter dan in Zuidwest-Azië (4,0%); maar minder dan in Centraal-Azië (8,4%), in Oost-Azië (6,3%) en in Zuidoost-Azië (6,2%).

Leiders. De bruto-investeringen in vaste activa van Zuid-Azië in de jaren 2010 bestond uit: India (74,3%), Iran (12,6%), Bangladesh (6,1%), Pakistan (3,6%), Sri Lanka (2,3%), en andere (1,2%). Het aandeel van de investeringen in vaste activa in BBP van de leiders: India (31,5%), Bangladesh (29,6%), Sri Lanka (27,6%), Iran (23,5%) en Pakistan (13,9%). De investeringen in vaste activa per hoofd in Zuid-Azië onder de leiders: Iran ($1.509,6), Sri Lanka ($1.015,0), India ($535,2), Bangladesh ($366,4) en Pakistan ($172,8). De groei van de investeringen in vaste activa onder de leiders: Bangladesh (8,9%), Sri Lanka (6,5%), India (5,8%), Pakistan (2,1%) en Iran (-3,5%).